大学语文教学与文学素养研究

谢燕丽 著

延吉·延边大学出版社

图书在版编目（CIP）数据

大学语文教学与文学素养研究 / 谢燕丽著. -- 延吉：延边大学出版社，2023.12
ISBN 978-7-230-06116-2

Ⅰ.①大… Ⅱ.①谢… Ⅲ.①大学语文课－教学研究 Ⅳ.①H193

中国国家版本馆CIP数据核字(2023)第248206号

大学语文教学与文学素养研究

著　　者：谢燕丽
责任编辑：翟秀薇
封面设计：文合文化
出版发行：延边大学出版社
社　　址：吉林省延吉市公园路977号　　邮　编：133002
网　　址：http://www.ydcbs.com　　E-mail：ydcbs@ydcbs.com
电　　话：0433-2732435　　传　真：0433-2732434
印　　刷：廊坊市广阳区九洲印刷厂
开　　本：710毫米×1000毫米　1/16
印　　张：12.25
字　　数：200千字
版　　次：2023年12月第1版
印　　次：2024年1月第1次印刷
书　　号：ISBN 978-7-230-06116-2
定　　价：78.00元

前言

语文作为一门语言学科，是我国人民交流和沟通的基本工具和方式，是正常生活和工作所必不可缺的重要部分。语文除了用于沟通交流外，还对其他科目的理解和学习有着重要的作用。对于接受高等教育的大学生来说，大学语文的学习，就是提高自身的文学水平并提高文学鉴赏力的过程，对于充实自身的文化修养、传播中华民族的优秀文化具有重要意义。

在当今信息快速传递、跨文化交流的时代，大学语文教学与文学素养的研究显得尤为重要。语文作为一门综合性学科，不仅仅是交流的媒介，更是思维的载体与文化的传承。而文学素养，则是学生在这个学科中培养的综合能力，关系到他们对文学世界的理解和感知。

本书旨在探究如何更好地引导大学生发展语文素养，提高他们的文学鉴赏水平和创造力。本书从大学语文教育入手，介绍了大学语文教学的理论基础、大学语文教学过程以及大学语文课堂教学，详细分析了大学语文阅读教学、大学语文写作教学，并在大学语文素养系统以及大学语文教学文学素养研究方面做出重要探讨。

本书在撰写过程中借鉴了大量文献资料与专家、学者的研究成果，在此一一表示感谢。由于水平有限，书中的不足之处，望专家、学者以及广大读者批评指正。

目 录

第一章　大学语文教育 ·· 1
第一节　语文学科的性质与特点 ······································ 1
第二节　大学语文教育的目标与任务 ·································· 8
第三节　大学语文教育的地位和功能 ································· 20

第二章　大学语文教学的理论基础 ······································ 30
第一节　建构主义理论 ··· 30
第二节　系统科学理论 ··· 34
第三节　多元智力理论 ··· 41
第四节　人本主义学习理论 ··· 45
第五节　现代教学结构理论 ··· 50

第三章　大学语文教学过程 ·· 55
第一节　语文教育过程的本质和节律 ································· 55
第二节　大学语文教育的生态系统 ··································· 62
第三节　大学语文教育的五步教学法 ································· 69

第四章　大学语文课堂教学 ·· 72
第一节　大学语文课堂教学的特征 ··································· 72
第二节　大学语文课堂教学的原则 ··································· 75
第三节　大学语文课堂教学的艺术 ··································· 85
第四节　大学语文课堂教学评价 ····································· 89

第五章　大学语文阅读教学 ································ 94
第一节　大学语文阅读教学的性质 ···················· 94
第二节　大学生阅读能力的基本结构 ·················· 98
第三节　大学阅读教学的基本方法 ··················· 103
第四节　大学阅读教学的运用 ······················· 107

第六章　大学语文写作教学 ······························ 119
第一节　大学语文写作教学的任务 ··················· 119
第二节　大学生写作规律及心理特点 ················· 125
第三节　提高大学生写作能力的基本途径 ············· 128

第七章　大学语文素养系统 ······························ 138
第一节　语文素养系统的构成 ······················· 138
第二节　语文素养系统要素分析 ····················· 145
第三节　大学语文素养的价值取向 ··················· 161
第四节　大学语文素养养成的特征 ··················· 173

第八章　大学语文教学文学素养研究 ······················ 177
第一节　大学语文教学中文学素养缺失及对策 ········· 177
第二节　教师文学素养在语文教学中的体现 ··········· 183
第三节　语文教师的文学素养与文学教育 ············· 185

参考文献 ·· 187

第一章　大学语文教育

第一节　语文学科的性质与特点

为做好语文学科的教育工作，教育工作者从未停止对语文学科性质的探索与讨论。性质问题是语文教育的基础问题。在语文教育观念体系中最为核心的是性质观，它在语文教育的全局中起着灵魂和统帅的作用，决定着语文教育的发展方向。在多年探讨的过程中，对语文学科性质的认识日趋深入、客观，逐步科学化、多元化。

从词语解释的角度来看，"语文"一词在商务印书馆第7版《现代汉语词典》中有两个义项：一是指"语言和文字"，如"语文规范、语文程度（指阅读、写作等能力）"；二是指"语言和文学"，如"中学语文课本"。由此，无论说"语文"是"文字""语言"，还是"文章""文化"，基本都是从解词的角度来观照这一课程的基本性质。叶圣陶说："以为口头为'语'，书面为'文'，文本于语，不可偏指，故合而言之。亦见此学科'听''说''读''写'宜并重，诵习课本，练习作文，因为读写之事，而苟忽于听说，不注意训练，则读写之成效亦将减损。"

从清朝开办新学堂时称呼的"国文"，到五四新文化运动称呼的"国语"，再到中华人民共和国成立之后在叶圣陶、夏丏尊主张下称呼的"语文"。名称的变化，也折射出对于语文学科性质认识的变化。《全日制义务教育语文课程标准》指出:"语文是最重要的交际工具,是人类文化的重要组成部分。工具性与人文性的统一,是语文课程的基本特点。"这是当前对语文学科的性质比较一致的看法,但也有人认为:"工具性"和"文化性"只是对语文教育的任务性描述,并未揭示出其本体论层面的意义。这也是近年语文教育研究未能向更深、更全、更远的方向发展并取得更大突破的一个方面,从本体角度进行探讨就显得十分必要了。

语言学家索绪尔从语文本体出发,对语言"多种多样的和异质的"特征进行研究之后,提出了"语言"和"言语"的概念,这种"二分法"随之被人们广泛接受。索绪尔把语言的纯粹个人部分(语音、规则用法和符号的偶然性结合)称作言语。言语的个性化特征十分鲜明和丰富,它包括两个方面:一是运用语言的过程;二是运用语言的结果。从形态上看,又有口头言语和书面言语之分。索绪尔说:"在我们看来,语言和言语活动绝不能混为一谈;它只是言语活动的一个确定的部分,而且当然是一个主要的部分。它既是言语机能的社会产物,又是社会集团为了使个人有可能行使这一机能所采用的一整套必不可少的。整体来看,言语活动是多方面的,性质是复杂的,同时,跨着物理、生理和心理几个领域,它还属于个人的领域和社会的领域。我们没法把它归入任何一个人文事实的范畴,因为不知道怎样理出它的统一体,相反,语言本身就是一个整体,一个分类的原则。我们一旦在言语活动的事实中给予首要的地位,就在一个不容许做其他任何分类的整体中引入一种自然的秩序。"我国的语言学家也认为:"言语不同于语言。运用同一种语言的人不见得有同样的言语。言语就是说话(或写作)和所说的话(包括写下来的话)。例如,我们运用汉语去说话(或写作)的行为和我们运用汉语说(或写)出来的一句话(甚至于可以大到一段演说,一篇文章,一本著作)就是言语。话都是由某种语言的词按照这种语言的语法规则组合起来的,它也有声音和意义两个方面,但它毕竟不是这种语言本身,而说话(或写作)即运用语言的行为当然也就不是语言。因此，不能把语言与言语混为一谈。"

界定和区分语言与言语这两个概念对于理解语义学科具有至关重要的意义，关乎其研究对象的科学选择、研究方法的合理确定。语言和言语问题既是语言观的一个具有本体论价值的最重要的组成部分，也是现代语言学中最重要的一个方法论原则。这个方法论的意义在于它从本原出发，从大量的言语现象中把语言规则抽象出来，从而明确了各自的性质、范畴和价值。从语文教学的角度来说，这种二分法把语言作为一种知识体系，而把言语作为一种认知活动及其成果，这种观点会孕育出新的语文理念，从而决定着语文教学和研究的方法。

法国人 R. 巴特曾对这个问题做过较为详尽的说明："语言和言语处于一种互相包含的关系之中。一方面，语言是'在主体属于同一社会集团的情况下，言语实践所积累起来的财富'，并且，既然它是个人特征的集体综合性产物。那么，在每一个孤立的个人层次上，它都必定留下不完善的部分，除非在'语言集团'中，否则，一种语言是不可能完善地存在的；除非某个人吸收语言，不然他就不可能掌握语言。但反过来说，仅仅从言语出发的语言是可能的。我们将注意到（一个当我们讲到符号学情景时的重要事实）无论如何也不可能有一种言语的语言学（至少根据索绪尔语言学理论是这样），因为某些言语，当它们作为一种传达过程而被掌握时，就已经是语言的一部分了，后者只能作为科学的对象。现在，我们来解决这两个问题：对于是否必须在学习语言之前学习言语表示怀疑，是没有价值的。这种对立的情况是不会存在的：一个人只能直接学习言语，因为言语反映语言。从开始就想把语言从言语中分离出来的想法，也同样是没有价值的。这不是初步的工作，相反，把语言从言语中分离出来意味着：虽然语言根据事实本身，却构成了意义的未肯定性。"语言和言语的关系就是这样，语文教育必须遵从这个关系所揭示的规律。

伽达默尔说："语言并非只是一种生活在世界上的人类所拥有的装备，相反，以语言为基础，并在语言中得以表现的乃是：人拥有世界。对于人类来说，世界就是存在于那里的世界……但世界的这种存在都是通过语言被把握的。这就是德国语言学家洪堡特从另外角度表述的命题的真正核心，即语言就是世界观。"我们生活在语言之中，语言就是我们存在的世界。语言既是我们赖以拥有世界的方式，又是我们所拥有的世界的界限。因为语言，混沌的整体才被确立为作为主体的"我们"和作为对象的"我们的世界"，我们才有了自觉的经验。而那些不能用语言表达的东西便不属于我们的世界，它们仍然处于混沌的黑暗之中，世界是在语言中敞亮的，我们是在语言中站立的。

语言的存在方式首先是对现实的记忆和描述，它承载着生命的体温和灵魂的印痕，维系着一个民族对生活最核心、最本质部分的独特体验。这种体验穿越时空，传承历史，激发创新，不断丰富着我们的文化内涵，让我们在瞬息万变的世界中保持清醒的认知和思考。语言源自现实世界，同时又引领我们迈向更宏大的未来。每一种语言都承载着人类整体概念与想象方式的独特体系，这一语言世界观继而反向影响我们的思维与行为。因此，我们运用语言，不仅是努力寻求通向时间秘密之门的途径和表达需求，更是对记忆的依赖和对现实的融入。更重要的是，语言激发我们构建了世界以及自我本身。借由语言，我们以一种超越常规的方式成功地寻找到事物的本源，细心地拂去掩盖在蒙昧尘埃下的存在，不断唤醒被遗忘在岁月中的真相。基于此，语文学科的性质和特点主要表现在以下两个方面。

一是人文性。关于人文性的定义可谓纷繁复杂。究其原因，很大程度上是因为"人文"一词本就是动态的概念。从最一般的意义上讲，人文乃是人类文化的简称，泛指人类社会中的各种现象，不同的文化现象有不同的地位。社会所共有的符号乃是文化的基础，共同的价值观则是文化的核心，另外社会中的道德规范、法律规范等，则是文化的主要内容。显然这其中就包含了先进的和落后的、优秀的和劣质的、积极的和消极的、健康的和病态的。我们知道不同的时代有着不同的文化，甚至同一时代，不同地域之间也有差别，这也就是定义"人文性"非常复杂的原因。但是不能给出一个明确的定义，并不代表我们无法讨论它。从如今的社会意义上讲，人文性的核心乃是"人"。早在古希腊时期，圣贤普罗泰戈拉就曾提出"人是万物的尺度"，世间万物的价值都需要人这个尺度来衡量。人的这一使命是与生俱来且不可剥夺的。换言之，就是要把人摆在核心的地位，肯定人的地位，关爱人的精神，尊重人的价值，"以人文本"也就是我们常说的对人精神的关怀。

语文这一学科和人文性有着天生的契合。在我国，20世纪90年代发生过一次关于"人文精神"的大讨论。起初，这场讨论只限于学术界，由一些人文学科的学者们发起，随后，这场辩论开始从学术界蔓延到教育界。结合教育界的现实状况，这场辩论成了"人文性"和"科学性"的争论。之后又影响到大学语文的定位，一场关于大学语文学科特点的大讨论延续至今。接下来，我们将以大学语文为侧重，阐释语文教育的"人文性"。

对于大学语文教育的"人文性"，我国早在20世纪90年代开始大力推行。首先是中共中央、国务院做出指示，要求大力推行教育改革，倡导素质教育，之后，教育部将大学语文课程定位为素质教育课程。很快这一决议便被推行下去，徐中玉主编的《大学语文》修订本便是对这一决议最早的回应。他指出："课程是在中学教育的基础上，进一步提高大学生人文素质，增进文化修养的主要课程之一……大学语文课程教育的重心，必须放在对大学生进行人文精神和文化修养的培养上……这门课不能成为一门单纯的思想观念课，而应是具有吸引力和感染力的文学、文化课。"

首先，人文性体现在大学语文的教学观念中。我国自20世纪90年代中期开始的课程改革，也深深地影响着教学观念的变化。一方面，随着改革开放的不断深入，大学生的就业压力越来越大。大学语文教学工作应该考虑到这一点，引导学生将语文学习的内容应用到之后的工作和生活中，为学生将来的工作和生活提供学科方面的专业指导。另一方面，大学语文的教学观念不应该将结果作为唯一导向，而是更多关注学习的过程。根据不同学生的特点，进行不同的引导。关于考核方式的观念，也变得多元化，最大程度发挥大多数学生的潜能，总之，用更加积极的态度去看待大学生的学习水平和能力。在此意义上，20世纪90年代中期后，大学语文教育在教育观念方面，开始体现出人文性的重要转变。

其次，人文性体现在大学语文教育的内容中。关于语文教育的内容，一方面，这是教材编写者需要着重注意的问题。作为合格的教材编写者，必须把好人文性这道关。第一，对教材中的课文内容进行仔细甄别，确定哪些是对人文性有利的，哪些是不利的，并且剔除其中的不利因素。第二，对课文中的语言和文字进行推敲，确保语言文字的规范性以及艺术性。目的是确保语言文字的规范性和艺术性能与人文性做到完美统一。第三，人文性的体现应该是潜移默化式的。我国古人提出的"文以载道"便是对此最好的注解。在实用主义语境下的今天，语文课程与现实生活的关系不够紧密，这也是摆在广大语文教师面前的难题。广大高校的语文教师也应该发挥主观积极性，将语文教育的内容联系到学生的日常生活中，提升学生的兴趣。

二是工具性。学界很多学者认为，叶圣陶先生针对当时社会教学不得法的现象最早提出了"工具论"，但此理论并非叶圣陶先生最早提出，更不能说是他发明的。"工具论"的思想在近代语文教育诞生之初便有了相关的讨论，并且在后来的白话文运动和国民教育中得到了践行。1904年的《学务纲要》就曾提出："学堂不得废弃中国文辞，以便读古来经籍。中国各体文辞，各有所用。"也就是说中国文辞不能废除，是因为它是读古来经籍和各种文辞的工具。到了白话运动中，胡适发表了关于"工具论"明确的论述。他认为，文学的革命表现为工具的革命，文字形式是"工具"僵化了，难以表达一个时代所特有的情感和思想。到了民国时期，语文教育中也存在"工具论"的思想。1924年，黎锦熙在《国语教学之目的》一文中指出："语言文字的用处就是得到了研究学问的工具。"

语文教育"工具论"的集大成者是我国著名的教育家叶圣陶先生。他指出："教科书，工具也，工具自当期其尽善，而如何使用工具，以到达所悬之目标，则视工具尤为重要。"这一论述，一方面提出了"工具论"的理论，另一方面也肯定了教科书作为工具的重要意义。到了1942年，叶圣陶先生开始将这一理论具体应用到语文教育中。他在《认识国文教育——〈国文杂志国〉发刊辞》一文中指出，语文教育是学校教育中最基本的科目。同时，它作为一种工具，在生活中是必不可少的。中华人民共和国成立后，叶圣陶先生又相继在《关于语言文学分科的问题》《认真学习语文》《大力研究语文教学尽快改进语文教学》等文章中不断提出类似的观点。语文是一种人类表达思想的工具，也是人与人之间交际的工具。天文、地理、生物、化学等科目都需要语文作为表达和交流的工具，甚至还是社会斗争和发展的工具。由于大教育家叶圣陶先生不遗余力地发声和推广，"工具论"成了长期以来语文教育的主流思想。各个时期颁布的语文教学大纲和课程标准中都采用了这一说法。因此，"工具论"是语文课程性质观中接受度最广、影响力最大、持续时间最长的理论。但是，自20世纪90年代开始，随着素质教育的呼声渐渐增加，"工具论"也遭受了质疑。

其实，任何事物的现象与本质都是统一于物以及物与物的相互关系、相互作用之中。现象中体现本质，本质寓于现象之中，二者从来就没有分开过，被分开的只是个体的思维而不是现实。一个基本事实是，我们见到的都是一个个的具体的言语活动，都有自己特定的对象、目的和内容。有谁在现实生活中见过裸露着本质的抽象的"语文"？在语文教育研究中不可过分拘泥或陶醉于对语文性质的追究，而应该研究具体的言语活动以及从事言语活动的人的生命活动。

第二节　大学语文教育的目标与任务

语文教育的主要目标和任务，就是立足于国情，引导学生学好汉字以及汉文化并能够熟练应用到实际中。通过培养学生的语文运用能力，提高其语言文字素养，培养德才兼备的社会主义新青年。注重语文教学和语文学习的实效性，以语用技能为要，以语用素养为本，包括两个基本方面：其一是培养语文应用能力，包括教学目标的实现、语文知识基本应用能力的提升、语文逻辑思维能力的拓展以及文学审美的发展；其二是培养文学素养，包括文化知识素养、文化语言素养等。

如果从实际出发，对语文教育的目标进行探讨，毫无疑问，语文教育的根本目标是促进受教育者的全面发展，语文学科的特性是具有高度的人文关怀性，而语文学科的人文关怀性，最终落脚点仍在人的身上。教育的根本目标就是形成"人"这一概念，这里的人不具有普遍性，而是指有智慧、有知识、思想健康、人格健全的人。具体来说，是要实现人的两方面的目标：其一是语文应用方面的目标，即培养受教育者运用语文基础知识的能力；其二是实现提高受教育者文学素养的目标，帮助学生更好地理解教材，从中品味深厚的文化内涵，增强受教育者对中华传统文化的归属感和认同感。

一、语用目标

语用目标，以培养学生的语言能力为基础要求和基本目标。具体来说，就是培养学生基础的听、说、读、写等方面的能力。作为母语的汉语言文字本体隐藏着民族的思维脉络，体现着民族的思维逻辑和特征，语言文字运用和民族思维方式是密不可分的。所以，强调语用能力的训练必须与思维能力的培养结合起来。同时，语用的过程也是审美的过程，语用与审美有着血脉相承的关系。这是因为汉语言文字具有形象性、情感性、诗意性、审美性等特征，所以，语用能力的训练和审美能力的培养也是休戚相关的。

（一）语用基本能力

语用能力是语文教育实现语用目标的重要法则。语用与生活是密切相关的，语用源于生活，在生活中才会有语用的生成。我们要从这种语文生活观的认识出发，来把握语文教育的语用目标。语文与生活二者是相互联系互为一体的，正所谓艺术源于生活，却高于生活。一切景语皆情语，只有将理论联系实际，才能帮助我们更深入地理解教材，提升自己。如若不然，就会味同嚼蜡般索然无味，不得要领，失去其特有意义。

语文教育与社会生活的紧密联系，不仅体现了语文教学的客观需求，更符合学生在实际生活中运用语言的内在规律。在实施语用教育目标的过程中，我们应充分认识到语文教育的社会性，这决定了语用训练必须与生活紧密结合。所谓社会性，包含两方面的内涵。首先，语用学习在社会生活中无处不在，语文课堂、课外生活、家庭和社会活动都为语用学习提供了广阔的空间。"凡是有人的地方，都要运用语文。只要运用语文，就给学生以影响。"其次，语文与生活有着天然的联系，语文反映生活，同时又服务于生活。如果语文脱离生活，就会失去实际内容。因此，语文教育的语用目标要求语用学习不能脱离生活，否则语用学习就会失去其生活价值。这两层意思表明，语用与生活的联系具有普遍性，而语用学习与生活的联系则具有天然性。将这两者相结合，语用教学与生活的联系成为达成语文教育语用目标的必然选择。

（二）语用思维能力

语用的过程即是思维的过程。在这个过程中，高校学生的思维能力起着决定性作用。思维能力与语用学习的质量有直接的关系，语用能力的形成与思维能力的发展是分不开的。所以，要达成语文教育的语用目标，语用教学就必须与思维能力的培养结合起来，把思维能力的训练作为语用目标构成的主要方面。

语用思维能力的训练和培养，达成语文教育的语用目标，是从"两个需要"出发的。首先，它是弘扬人的批判思维、创造思维本性的需要。批判思维和创造思维能力并不是少数天才人物的专利，而是任何人都具备的思维品质，批判和创新是人类的最高本性。人作为活动的实践的文化生物，具有一种不确定的、未完成的特性，不会停留在某种已经形成的东西上，更不会满足于某种已经获得的规定性。人总是通过实践和批判再创造自己的新的存在状态，批判和创新是人的本质所在。因此，培养学生的语用思维能力，特别是创造性思维和批判能力，是语文教育弘扬人的批判、创造本性的需要。其次，它是当今时代经济社会发展的必然要求。语用教育作为基础性教育是为未来培养人才的事业，教学目标的根本要求就是培养德智体美全面发展的社会主义青年，为实现中华民族伟大复兴输送力量。创新型经济社会的发展赋予了基础性语文教育以新的生命，它必须以创造性人才的培养与批判能力的养成作为自己的重要目标和任务，在语用教学中加强批判能力和创造思维的训练，以完成语文教育担负的使命。

（三）语用审美能力

语用的过程也是审美的过程，语用训练和审美能力的培养是同一整体中的两个方面，是有机同构的一体。只有在抓语用训练的同时进行审美能力的培养，把语用训练和审美能力培养有机地结合起来，使学生具有一定的审美能力，才有助于学生语用能力的培养。语用教学与审美能力有着紧密的联系，二者相辅相成，提升审美能力有助于教学目标的完成实施，对学生完美人格的形成有着重要推动作用。

首先语文教师必须具备一定的审美素养。试想，如果教师连一定的审美素养都不具备的话，又如何能将文本中的美的内容传达出来，教会学生呢？语文教材的编撰耗费了编者大量心力，旨在更好地帮助教师和学生获得语用信息，提升文学素养，形成正确的世界观、人生观和价值观。教师要不断学习，提升自身知识文化素养和审美水平，以教学文本为切入点，把学生带入语文的世界，发现美、感受美，从而在潜移默化、润物无声中提升自己和受教育者的审美素养，掌握相应写作阅读技巧，形成知识文化的学习及完美人格的发展并行的局面，为传承中华优秀传统文化打好坚实基础。构建美是一个长时间的过程，不是一蹴而就的，这就需要教师以身作则，在日常生活学习中言传身教，传达自身阅读体验，助学生快速成长。审美教学寓于语用教学，二者的结合具有经久不息的生命力，为学生带来了更佳的学习体验和学习能力的提高。

从语用教学实践的层面来讲，加强对学生审美能力的培养，对语用教学有多方面的促进作用。首先，在语用教学中进行审美能力培养，能够使学生对语用学习产生肯定性的、积极的情绪、体验，学生的语用学习态度及与之相应的语用行为，属于心理学中"意志行动"的范畴。根据心理学原理，任何意志行动总是由一定的动机引起的，而构成意志动机的，除了理性的认识因素之外，还有非理性的感性因素。一般来讲，那些在语用学习中表现出热情、善于克服各种困难的学生，大都与特定情感的推动力分不开，并非仅仅出于对语用学习目的的理性认识。语用教学的实践证明，加强审美能力培养之所以能够激发学生学习和运用语文的兴趣，对语用学习具有推动作用，是由于审美活动本身是一种富于情感的精神活动，在语用的审美过程中，美的发现必然会激发学生学习的兴趣和主观能动性。其次，在语用教学中进行审美能力培养，能够使语用教与学双方沟通心理意向，拉近教师与学生之间的关系。和谐的师生关系对语用教学的重要意义是不言而喻的，良好而融洽的师生关系有助于师生心理情感上的沟通，而师生双方对语文的共同审美感是实现其心理情感沟通的必不可少的条件和通道。这是因为审美感能使师生产生心灵上的共鸣，把师生之间日常建筑的鸿沟夷为平地。在自觉的审美引导下，共同进入课文所描绘和创造的美的境界，徜徉在轻松愉悦的审美活动中，可使审美个性得到最大限度的张扬。如此，教师与学生之间就会随着精神上的隔绝的消除，产生和谐的语用教与学的情绪氛围，使语用教学在轻松愉悦的教学氛围中取得良好效果。

二、语用任务

知识与能力一直是语文教育的重点。古代语文强调识字和背诵；20世纪60年代单纯认为语文知识学习就是认识字、词、句等基础知识，掌握听、说、读、写即可；20世纪90年代知识与技能合称"双基"；如今知识与能力是语文素养的基础。

传统教学观念认为教学只是教师的事情，学生只要听课就行，教师掌握好教学方法把知识传授给学生即可。这种观念严重剥夺了学生作为学习主体的地位，忽略了学生学习的主观能动性。因而，我们现在主张语文教育过程应当是学生"接受"和"探究"的和谐统一。要让学生享受学习过程，在体验和思辨的过程中学习语文，运用富有个性的语文学习方式养成主动探究的精神和能力。

语文作为一门具有高度人文关怀的学科，不仅注重对学生基础文学知识的培养，更注重对学生情感体悟的培养，这是学生认识世界，对人生进行思考的过程，对于形成健全人格有着不可忽视的作用。情感态度和价值观不仅是语文教育目标的一个维度，而且是语文教育的内容和动力。所以，我们要摒弃单纯的静态的理性分析，用丰富的情感体验的方式努力激发学生积极参与。

（一）结构

一切事物都有结构，结构是事物的存在形式。语文教育研究最为困难的就是语文教育结构的问题。它的结构过于庞大和复杂，许多问题似乎边界不明。语文教育研究应该把语文课程与人类历史、社会人生、众多学科教学相联系，从而构建高校语文教育的完整的结构体系。

控制论在对某一类问题进行整体研究时将其称为系统，把组成系统的要素及要素之间的关系称为系统结构。要特别注意的是，要素与要素之间存在着千丝万缕且又相对稳定的联系，要素作为整体的一部分，具有一定的自我调节能力，要素之间种种联系就构成了整体。在文化领域，一种文化意义总是透过特定的结构关系表达出来，一种文化意义的产生与再造也是透过作为表意系统的各种实践、现象与活动来完成的。

由此看来，语文教育系统是一个由多种要素组成且各要素共生共长的运动系统。这个系统本质上属于意识形态，从整体来看，语文课程的结构是由一个核心、三个维度、五个方面和两种课程构成的认知实践体系。"一个核心"是为了每一名学生的全面发展，其内涵是正视人存在的物质与精神、实然与应然的二重性，在学习的过程中，教师要引导并帮助学生树立正确的价值观和学习观，为提升语文素养，健全独立人格奠定坚实的基础。"三个维度"分别是知识和能力、过程和方法、情感态度和价值观，三者有机统一，互为补充，共同构成个人完整文学素养体系。"五个方面"指识字与写字、阅读、写作、口语交际、综合性学习。"两种基本课程"是指必修课程和选修课程。如果从微观的角度看待语文教育，会发现"麻雀虽小，五脏俱全"，其内在结构十分精细复杂，任务也颇为繁重。语文教育的各部分并不是孤零零存在的，其任务也不是独立进行的，而是有着紧密的联系，各要素相互影响、相辅相成、相得益彰，共同构成文学素养的有机统一体，从而更好地发挥文学的交际作用和健全人格发展的任务。

（二）过程

我们知道，事件的发展需要过程，这个过程长或短，可以肯定的是，不同事件进行的过程特点也不尽相同。日常工作的过程是一种手段，通过该手段可以把人、规程、方法、设备以及工具集合在一起，以产生预期效果。从经济学的层面来讲，任何一个过程都有输入和输出，输入是实施过程的基础、必要前提和条件，输出是完成过程的结果；输入和输出之间是增值转换的关系，过程的目的就是增值。哲学中的过程是指物质运动在时间上的持续性和空间上的广延性，是事物及其事物矛盾存在和发展的形式。过程是事物存在的方式，是事物生成、转变和发展并走向目的的必经环节和途径。因此，无论从何种意义上来讲，"存在"都不能从"过程"中脱离出来。

上述各领域对过程的理解，对认识语文教育过程都具有指导意义。教育的价值产生于过程，每一个教育过程都大致包括浪漫想象、精准分析和综合运用三个环节。这是一种不断反复的循环周期。高校语文教学过程的难点不是在学生的头脑中存储知识、探索程序，而是产生各种语境，并使其中所形成的对话价值和意义能被最充分地认识；或去创造各种条件，并使该条件下的对话能跟个人或社会当前的实际追求联系在一起。一个人的能力和精神只有在对问题的研究中才能发生和发展。语文教育过程就是学生和世界在对话过程中"相遇"并相互生成的过程；是教师根据一定的社会要求、学科任务和学生身心发展的特点，指导学生通过理解教学内容从而感悟人生，认识世界，并在此基础之上发展自身精神力量的过程。语文教育过程是认识过程、心理过程、社会化过程的综合运动系统。学习主体在这个过程中"博学之，审问之，慎思之，明辨之，笃行之"，在习练语文能力的过程中提升生命的高度。语文教育最突出的特征是感性和理性的统一，认识和实践统一，精神和技能的统一，学科和社会人生的统一。语文教学过程首先在于引导学生获得感性知识，"闻""见""知""行"缺一不可。高校语文教育过程的特殊性在于要在形象的飞翔中达到形而上思辨的境界。

（三）性质

从哲学的角度来看，性质是指事物本身所具有的，不以他人的意志为转移，区别于其他事物的根本特性，但当事物遇上人，事物的性质就会因为人的介入而发生变化。这在对语文课程性质的认识上表现得尤为突出，有一种意见认为，性质是在对事物的适应和感觉中反映出的人性。人要适应事物或环境必然会从心理反应以及由于自身价值观和世界观影响而做出相应行为。这种观点在人文社会科学领域是很容易找到根据的。"存在即感知，事物的性质由心灵决定"，乔治·贝克莱认为，像石头、房子、高山、河流、太阳等事物是因为被感知才存在的。所有这些事物都是存在于心灵内部的，在心灵之外没有任何东西可以存在。这种意见与王阳明的心学具有相通之处。贝克莱最终想要说明的是：万物的存在都依赖于上帝的存在。对于这种观点，我们可以理解为是他作为主教的职责所在。但是，这种观点对我们仍然是有意义的：事物存在的意义有赖于像我们这样的有感知能力的灵魂，或者说，心灵感知事物就是心灵感知观念。

人在对自然或社会事务的认识中赋予各种事物以含义，人类在传播活动中交流的一切精神内容都包括在意义的范围之内。一旦把事物的本质归为某个单一元素就无法完整地还原事物的整体，而以事物的某一因素说明事物的整体就限制了对事物的观察视野。不能清楚解释事物运动过程的复杂性，不能从更深刻、更细微的层面把握事物的本质。所以,任何一种事物的性质都应当从整体上来认识,充分注意到事物运动系统的完整性。

如果我们认同了事物的性质与人确实有关,并且同意从整体上完整地认识构成事物性质的多种元素。那么,一个事物的性质按照它与人的认识能力关系的不同可以分为三种,即:与人的认识能力无特殊关系的、事物自身固有的科学性质,这种意义上的性质可以称为事物的第一性质;虽基于事物自身固有的某些属性,却主要是由于认识能力的局限而被"发现"或"赋予"的功用性的性质,这种意义上的性质可以称为事物的第二性质;由于认识能力特别是联想和想象能力的过度使用而被赋予的人为"性质",这种意义上的性质可以称为事物的第三性质。语文的性质在这三个层面上的界定就特别有意思。语文作为我们认识世界不可或缺的交际工具,同时,又是中华传统文化的重要载体,承担着传承复兴的重要职责,工具性和人文性作为其学科基本特征,达到了高度统一。其中文化性属于第一层次的特性,工具性和人文性分别属于第二、第三层面的性质,这种把握是全面、周详的。

(四)任务

任务是指事物或方法所发挥作用以达到某种目的而进行的一系列活动。《牛津英语词典》认为:任务是一种行为模式,通过此行为,某物实现了它的目的。这种解释揭示了某事物的任务在动态过程中的生成性,它关注的不是事物的属性而是它的能量。通过这个角度可以更好地认识事物的价值并有利于它的应用。

教育界对语文任务的认识经历了教化任务—智能任务—人文任务的演变。在我国古代,"化民成俗"是教育的基础和首要目的。"诗书教化,所以明人伦也。"为了实现教化的目的,"四书""五经"成为蒙学之后的主要课本。如《诗经》,孔子说:"不学诗,无以言""诗可以兴,可以观,可以群，可以怨。迩之事父，远之事君，多识于鸟兽草木之名。"在前人看来，《诗经》不能不算是统治阶级进行思想教化的有力工具。20世纪90年代后，文学教育切实尊重学生的主体地位，开始重视人的发展这个根本性的问题。

语文教育具有多方面的任务，从不同的角度考察可以得出不同的结论。从历史的角度看，它具有文化传承的任务；从社会的角度看，它具有沟通凝聚的任务；从个人的角度看，它具有涵养和发展的任务等。如果从语文自身来看，它的任务也是多元的。最基本的几种任务是：认知的任务、发展的任务、交际的任务、想象的任务、皈依的任务等。语文是人学的一种，从这个意义上说，人有多少可能性，语文就有多少种任务。在语文教育的过程中，常常有人把语文的任务弄得机械单一，语文因此形销骨立，失去了它本来的风采和魅力。

语文的任务具有不可忽略的特殊性。作为一种商品的任务与任务载体在概念上有分有合，而语文则是合二为一的。麦尔斯在谈论商品的价值时说：顾客购买物品时需要的是它的任务而不是物品本身，物品只是任务的载体。只要任务相同，载体可以替代，这是任务与其载体在概念上的区分。但是，一种任务的实现不可能没有载体，所以任务与其载体又必须结合。在价值工程运作中，往往是某种任务与原来的载体分离了，经过创新方案与另一个载体结合起来，这就称为任务的载体替代。但是，语文的任务是不可能寻找载体替代的。语文的任务和载体是不可分离的，甚至一种语言的翻译、一种文体的改写，也不是什么载体的转换而是本体任务的迁移。你可以把锄头与使用者分离开，但是，你不能把舞蹈家的肢体与他的舞蹈分离开，更不能把一个人所表达的内容与他运用的言语分离开。

（五）方法

方法是由目标决定的。教学叙事和哲理思辨的结合是高校语文教育学研究的基本方法。它从哲学思想、教育理念和操作方法三个层次依次展开，这三个层次之间的关系如同土地、果树和果实之间的关系。一定的操作方法总是受一定的教育理念的支配，一定的教育理念也是由相应的哲学思想孕育诞生的。而哲学思想、教育理念只有转化为操作方法才能应用于语文教育实践，也只有通过具体的操作方法才能产生实际的效果。语文教育的方法蕴含着丰富的思想、感情，绝不是纯粹机械冰冷的技术。

语文教育学的研究需要收集大量素材并加以整合，进行理解分析，探求语文课程背后的现实意义。语文教育研究要有活力，其首要条件就是要干预语文教育的现实问题，"这种干预意味着既要从整个人类发展的广阔视野出发规定课程与教学问题，还要从具体社会的实际情况出发规定课程与教学问题"。我们是站立在历史和未来的连接点上，把目光投向社会、人生和文化三个领域。我们知道，研究的过程不能停留在对各种语文教育表面的浅显叙述上，而要对各种理论依据进行分析思考，反思其对语文教育理论形成的作用。这个过程中的三个关键词是：描述、经验研究和观念化。

对高校语文教育事实描述的选择是至关重要的，这是高校语文教育理论形成的重要环节。在社会现象方面，事实必须是实际存在，不以他人的客观意志为转移，不能断章取义。我们不能拿一个学生写不好请假条的"事实"来说明语文教育的重要任务是教给学生写好请假条。理论来源于实际，没有经典叙事的研究会失去现实的支撑，无论其框架结构如何华丽，终究是徒有其表、华而不实的。我们选择描述的教育事实要具有典型性，典型的意义在于它能够解释本质，也能够包孕规律。此外，描述还应尽可能地做到它所应当具有的开放性和多角度产生的层次性。描述的开放性是建立在充分的教学细节之上的，而层次性就不仅是观察角度的问题，还意味着观察者所拥有的精神高度，这对我们的想象力和创造性是一个严峻的考验。

对语文教育事实的收集涉及多方面的理论体系，特别是语言学、文学、教育学、心理学和社会学的观念体系。"寻求一个明确体系的认识论者，一旦他要力求贯彻这样的体系，就会倾向于按照他的体系的意义来解释科学的思想内容，同时，排斥那些不适合于他的体系的东西。但是，经验事实给规定的外部条件，不允许他在构造他的概念世界时过分拘泥于一种认识论体系。"对于语文来说，还涉及人们的信念、欲望、意图、目的等多种因素，高校语文是跟社会人生一样复杂和广阔的。

这就是说，对一种经验的研究是存在危险的。研究中先验的观念是无法完全拒绝的，同时也不应该拒绝，我们要做的是在进行观察或经验调查时，及时进入研究对象的结构性的关系中，在各种联系中建立观念。高校语文教育研究应该时刻注意重建自己的研究思路。在概括、抽象，从个别走向一般的过程中，只要牢记自己的目标就不会迷路：语文教育研究是具有高度人文关怀的学科，它以人为基础，重视个人的切身需求，着重关注人的全面健康发展，为培养学生健全人格的目标而进行的。研究者要肩负起学术建设和语文教育创新的社会责任。

在研究的过程中，我们常常要从现实回望历史。作为事物演变过程的历史并不总是过去式的存在，它还是面向未来能够孕育的开放性的存在。历史的道路上留下两行深深的脚印，一行是经验，一行是教训，它们提示着我们要走向未来的道路。梁启超说："史者何？记述人类社会赓续活动之体相，校其总成绩，求得因果关系，以为现代一般人活动之资鉴者也。"希腊语"历史"（historia）的本意是"调查、探究"。历史具有明显的动态增殖性。柯林伍德说："一切历史都是思想史。"历史与伦理、哲学和艺术同属世界宝贵精神财富。历史为后人提供宝贵经验，前车之鉴，加以参考，避免误入歧途，我们总是可以用历史材料来谈论现实中的问题。

我国语文教育的历史极其漫长、曲折，它本身就在昭示着丰富的意义，对它的研究具有更大的价值，这种价值在当下更指向未来。总的来看，我国语文教育的进程和我国社会的进程紧密相连。从内容方面看，古代的语文教育文史哲不分，经史子集融为一体。语文的独立分科才只百余年。内容的选择是由教育目标决定的，而教育目标又受到社会体制的性质及其社会生产方式的制约。从方法来看，社会需要什么样的人就要采用相应的方法来培养。是熟读经书及其注疏并以此为标准，还是尊重学生的主体性，鼓励其独立思考和创造，这远不是一个语文教师所能决定的事情。

语文教育绝不单纯是语文自身的事，它跟政治、经济、伦理等重大因素密切相关，特别是跟社会思潮息息相通。就最近的语文教育考察，因为全球化急剧推进，人们感到生存的焦虑，因而，急切呼吁坚决捍卫语文的母体地位，以此保住民族精神的家园。因为市场经济在社会中心地位的确定，人们发现职业操守无底线的大面积溃败，因而主张语文教育要承担起人文精神的培育，试图以此拯救日渐沉沦的人性。我们从这些斑驳、绚烂的历史中抬起头来眺望未来的时候，语文教育的道路似乎分明地正在从脚下向远方延伸。

第三节　大学语文教育的地位和功能

一、大学语文教育的地位

（一）人文素养培养的"航向标"

大学语文究竟在人文素养培养方面的地位如何？不同的专家、学者在不同的时期给予了不同的诠释。这些回答与当时的社会环境息息相关，基本上都属于"就事论事""具体问题，具体分析"。这些论说有一定的道理，但也不尽然全对。李学利、秦润兰认为，"《大学语文》的开设……可以缓解理工科院校学生的偏科的现状……是中国与世界互相交流的需要……可以培养大学生的审美情趣和道德情操……可以加强对大学生进行爱国主义和集体主义教育。"这种观点较全面地诠释了大学语文的作用,但并没有较深的说明其在人文素养培养方面的独特作用。而东南大学王步高教授更是批评当今的大学语文教学"只是头痛医头、脚痛医脚",学生的文化素质难以有很大的提高。

我们认为,大学语文对于学生人文素养的培养首先起着"索引""引导""航向标"的作用。这是因为大学语文教材的编写者们尽可能的穷尽人类历史发展过程中的文化、思想、精神。可以说大学语文是文化积淀、精神汇聚的产物,是人类历史的"浓缩版""精编版"。学习大学语文,在一定程度上来说就是在纵览人类文明史、思想史。

我们可以做这样的假设:每一个接受人文素养培养的学生都是一只船,他们航行在人文素养的大海上。如果没有航向的指引,他们就很容易"迷失方向",到达不了人文素养的"彼岸"。而大学语文就起着"航向标"的作用,标给他们前进的航线,指给他们学习的方向。这种"地位"即通过对于中外文学名著、民族文化、思想潮流、古典文化的学习,进一步提高学生的阅读理解能力、分析鉴赏能力、写作应用能力,并以此来提高学生的人文综合素养。例如,在徐中玉、陶型传等人编写的《大学语文》中,有议论文15篇,说明文8篇,记叙文13篇,诗词20篇,并在其后的"附录"中介绍了古代汉语语法、古代诗词格律、就用文写作、历史朝代简表等内容。其中所采用的文章都是我国文学历史上大家的代表作,极具有阅读、欣赏、领悟的价值。徐中玉在"编写说明"中说,文化精品之所以能称为精品,即因在精美的语文表达中,还深深地蕴藏、显示着前贤们高尚的精神境界、强大的人格力量、健康的审美趣味。因此,我们在让学生"为文"之时,还要让他们学会领略前人的"精神世界",最终在走向社会时学会"做人"。

（二）人文素养培养的"存储器"

存储器（Memory）是现代信息技术下的产物，它是计算机系统中的记忆设备，用来记忆存储各种程序、数据，并且能在计算机运行的过程中自动、高速地完成程序或数据的存取。

与此相类似的，大学语文的编写、教学活动，其实也是一个"由文及文""由文及人"的"存储、处理、使用"过程。"大学语文"教材就是一个"存储器"，由编写者人为地将选取的"文化精品"存储进去，然后在教学实践中，由教师或者学生从中任意调取信息。这是其他人文素养培养方式所不能比拟的。

根据教育部高教司在《大学语文教学大纲》中的"充分发挥语文学科的人文性和工具性特点，适应当代人文科学与自然科学日益交叉渗透的发展趋势，为我国的社会主义现代化建设培养具有全能素质的高质量人才"要求，大学语文在选择"文章"时，会尽可能地将上述要求融合在一本书上。将极具人文思想的文章按照一定的体例编写，这就是"存储"的过程。几千年的人类历史发展，给我们留下了"海量"的人文精神财富。如果我们将这些"财富"全部展示给学生，那么高校学习时间肯定是不够用的。因此，大学语文在编写的过程中，就会有"选择性"地选取具有代表性的"文化精品"，尽可能地达到在最短的时间内取得最好的培养效果。

我们知道，大学语文的根本目的在于提升学生语言文字实践应用能力，同时，提升认知、鉴赏、领会中国古典人文精神的能力，引领他们领略世界文化的人文魅力，从而自觉抵制社会中的不良思潮，维护人类正义的事业。

因此，我们在高职院校中实施大学语文课程教学时，不能仅仅着眼于字词句篇的信息调取，而是要把教材中的文章当作一种文化思想来审视，通过深入学习，领略其独有的人文思想，揭示其深厚的人文底蕴，传承、发扬中国古典民族文化。总而言之，我们要让学生在学习、阅读大学语文教材的过程中，认识、理解世界古典文化，汲取传统文化的营养，让人文精神内化到学生的内心深处，从而达到发展学生的个性，培养学生健全人格的目的。

（三）人文素养培养的"检测器"

"检测器"是工业机械用语，指的是对机械性能及其变量进行实时监测的工具。检测器的监测范围一般包括：机械的灵敏度、稳定性、响应度、事物变化的规律等。我们说大学语文具有的"检测"功能，主要指的是大学语文教学活动中对于学生的教学评价，当然同时也反映出了高职院校对于人文素养培养的重视程度。因此，我们需要"检测"的内容就包括以下几个方面：一是课程的设置；二是课时的安排；三是教学效果的评价。

首先是课程设置。根据教育部高教司对于"大学语文"课程设置的说明，我们知道"大学语文是面向文、工、理、法、财、医等专业学生而开设的公共课"。在现实中，虽然大学语文已经不是那种"可有可无"的课程，但不同的高职院校对于大学语文的设置还是有所不同的。在调查中，我们发现有些学校将大学语文作为了独立的限选课；有些则是请人文类方面的专家（如语言学、文史哲、古汉语等）给学生开设类似"大学语文"的课程；有些则直接改成了"应用文写作课"，着重培养学生的实践应用能力。

其次是课时的安排。将"大学语文"课设置成一门独立的学科，一直是相关专家、学者期盼的事。但就目前而言，除了师范类高职院校以外，很多学校还是将大学语文以选修课来看待的。一般而言，必修课是54个课时，而选修课只有36个课时，课时明显有些偏少。有些学校临时"抱佛脚"，根据实际情况来开课；有些则直接取消了。

再次是教学效果的评价。徐中玉认为"语言文学方面的阅读、欣赏、理解和表达能力，是大学生文化素质的一个重要方面"。因此，对高职院校的学生进行入学前和毕业后的大学语文测试是很有必要的。当然，人文素养包括的内容很多，不仅仅局限于语言能力的应用方面。但同时，我们也应该看到，对于大学语文相关能力的测试，也在一定程度上将人文素养"具体化""数字化"了，从另一个侧面反映出学生的人文素养水平。

二、大学语文教育的功能

（一）寻找真实的自我

"真实的自我"包括的内容有很多，概而言之，有四个方面的关系可供探讨：与自己；与他人；与社会；与自然。大学语文课程的功能之一就是剖析"你"所在的社会位置，与他人相处时的思想状态，在社会、自然中存在时的精神、心理。

与自己。有人说"这是个无信仰的时代"，话虽然有些偏激，但似乎也有一定的道理。人失去了信仰，生活便没有了目标，像个"没头苍蝇"一样，到处乱飞乱撞。改革开放以来，随着物质财富的不断增加，人们的生活水平有了"跨越式"的发展，学生的自主意识、创新思维也有了空前的提高。但与此同时，精神空虚、崇尚金钱、贪图安逸也逐步侵蚀着学生原本"纯洁"的心灵。拜金主义、享乐主义、利己主义成为他们的信仰，物欲横流、道德滑坡充斥在社会的各个角落。长此以往，我们逐渐失去了自我，看不到自身的存在，体会不到自身的价值。人文素养培养也许能让我们找回失落已久的"精神家园"。在大学语文教材中，我们会读到国外学者关于"人性"的讨论，关于"梦的解析"，体会陶渊明在"田园"中找到了"心灵的归宿"，学生学习这些内容，也许会有所启示，有所感悟，开始审视自己的生活，关注自己的存在。

与他人。当前的学生大多具有较强的"独立性"，摆脱父母、教师等控制的愿望极其强烈。由此导致他们宁可在虚拟环境中"互诉衷肠"，也不愿与父母、教师"倾心交流"。对于此种现状，我们无法强加改变，唯有用心引导，让学生们自己"领悟"。大学语文中选取了很多关于"亲情""爱情""友情"方面的文章，这些内容能够很好地引导学生的思维、意识，乃至行为。例如安徽大学马方正编写的《大学语文》中就收录了很多关于"情感"的文章。其中既有冯延巳《长相思·红满枝》中"梦见虽多相见稀，相逢知几时"的人，也有戴望舒《雨巷》中不断吟唱的"一个丁香一样的结着愁怨的姑娘"。田野的《离合悲欢的三天》，让我们真切地体会到作者对于妻儿、家庭、祖国的苦苦眷恋，当"妻忽然把手伸出：'也给我一支吧……'"，作者与妻子的眼睛湿润了，而我们读者的眼也一定是湿润的。

与社会。人是社会中的人，人在社会中才能体会自身的存在，体会到自身的价值。这正如马克思所言"人的社会性是其根本属性"。高职院校的学生需要面对两个不同的"社会环境"：学校环境与校外环境。两个环境的管理方式不同，运行机制也相差悬殊。很多学生能够"自如"地应对学校环境，但当其毕业后走入社会，却发现自己真的很难在社会立足。这种"落差"让很多学生难以适从，很容易步入极端。那么，学生在社会中需要具备哪些基本素质呢？首先是顽强不息的生存能力；其次是团结协作的合作能力；再次是适应岗位的实践能力。当然，这些能力并不足以概括复杂的社会现实，却是最为基本的。可以肯定的是，一旦学生具备了这些能力，由此相信任何环境都会适应的。

与自然。从古至今，我们与自然的关系经历了"崇拜畏惧—人定胜天—尊重和谐"的过程，每一次进步都是跨越式的，都集中体现了人类的文明程度。我们应该清楚地认识到，我们是自然界中的一分子，我们与天地万物是融为一体的。庄子提出了"天人合一"说，经过后世学者的继承与发展，形成了中国传统文化的主体。庄子认为"天地者，万物之父母也。"季羡林先生在谈到"天人合一"时也说"'天人合一'就是人与大自然要合一，要和平共处，不要讲征服与被征服"。因此，正确认知人与自然的关系，能够帮助我们开拓视角，升华我们的人文内涵。

（二）塑造健康心理

关于心理健康，麦灵格尔认为："心理健康是指人们对于环境及相互间具有最高效率及快乐的适应情况。"在他看来，真正的心理健康是效率、满足之感、接受规范三者兼具的状态。而英格里士则认为："心理健康是指一种持续的心理情况"。他认为心理健康不仅要有良好的适应能力，而且要在适应的状态下充分挖掘自身的潜力。

英格里士的"适应说"比较适合现代社会对于健康心理的要求。因而，在此定义下，现代心理健康的标准有如下几个方面：较强的心理适应能力；看清"自我"，对于自身有较准确的评价；实事求是的生活目标；脚踏实地的生活态度；完整高尚的人格品质；良好的人际关系；"己所不欲，勿施于人"；能够对于自己的情绪收放自如；能够在不损害他人权益的情况下，发挥个性，达到自己的人生目标。

健康的心理对于一个人具有极其重要的作用，它能让你在逆境中不屈不挠，在顺境中保持清醒的头脑；遇成绩而不骄，遇困难而不气馁。但如果出现了诸如自卑、怯懦、猜疑、逆反、排他、冷漠等不健康心理时，轻则可能会使你在人生的道路上越走越难，重则可能使你"自掘坟墓""自取灭亡"。

因此，我们有必要充分利用"大学语文"这个载体，来弘扬我们的人文精神，重塑我们的心理健康。这是由大学语文既具有悠久的精神价值传统，又不失生动具体的时代内涵来决定的。

语文以语言为表现形式，它指引着人类社会从蛮荒走向文明，在历史的长河中，形成了自身独具特色的体系。语文作为一种文化的载体，传达的是思想与情感，承载的是文化与价值，是人类精神世界的成果。很多专家、学者认为语文是"心灵的书籍",更有心理学家将其当作最佳的"心理学教材"。因此,我们的大学语文教育应着眼于新时期人文精神的培养。与此同时,健康的心理状态、高尚的人格、较强的创造主体意识、求真务实的生活工作态度、乐于竞争与善于合作的精神,也是未来人才培养与市场需求的标准。

(三)培养审美情趣

审美情趣培养既是人文素养的应有之义,也是大学语文教学的目标之一。审美情趣的培养是一个"双向"的人文教育活动。大学语文教材以古今中外的文学精品为载体,通过剖析、领悟,来发现其中的"情感美、状态美、思想美"。与此相对应,我们也可以利用业已成熟的美学理论,来指导我们的审美教学,探索教学过程中的审美规律。然而,大学语文的内容包罗万象,承载着诸多名家的思想情感,我们又应该如何在其中体味"美"呢?

首先是提高对"美"的"感应度"。当一首诗、一幅画、一篇文章摆在你面前的时候,你是否能感受到它的"美"?这是美学中一个永恒的话题。对于这个问题,现实生活经验告诉我们,"生活中并不缺少美,而是缺少发现美的眼睛"。因此,我们需要对"美"有一种天然的意识,对"美"产生条件反射。而大学语文中的内容能让我们具备一定的文化、生活底蕴,给我们一双发现美的"眼睛"。在语文教学中,我们要带领学生去体味"文字形象美、语言音乐美、词语意境美、句式变化美、整体风格美",让学生在体味对美的过程中培养"审美意识",享受"审美"的愉悦。

其次是培养"美"的鉴赏能力。看一件事物是否存在"美",我们不仅要具备基本的美学常识,更重要的是要有相应的文化基础、审美观念、人文素养等。试想一下,如果没有上述条件做前提的话,我们在面对一首古诗的时候,也许只能从表象上知道"它是一首每行五个字的诗",而诗的作者是干什么的,该诗产生的背景如何,所要表达怎样的情感,就有可能"一问三不知",更别说"诗的鉴赏"了。因此,在教学中不断挖掘作品的文化背景、情感思想、人物经历是很重要的。当然,这也在无形中提高了学生对于"美"的鉴赏能力。

再次是提高"创造美"的能力。"美"的创造,有两个先决条件:一是要有"美"的意识,"美"的鉴赏力;二是要有"创造美"的平台,也可以说是载体。前一个先决条件,我们已经做了详细的论述,这里不再赘述。关于后一个条件,我们可以想象:"蒙娜丽莎的微笑"不是达·芬奇凭空想象出来的,也不是他集合了美学因素拼凑出来的,而是他面对真实存在的蒙娜丽莎用画笔画出来的。因此,"美学源于生活,生于社会实践",我们要在实践中去发现"美"的存在。当前的高职院校"大学语文"教材中收录了一部分关于戏剧的文章,如古典戏剧、现代戏剧、外国戏剧、当代影视等,其中不乏《哈姆雷特》《茶馆》等中外经典戏剧。我们曾对高职院校中的话剧社进行过调研,发现绝大部分以排演经典戏剧为主,演员在演戏的过程中,也被激发出了最大的情感。

(四)树立理性思维

理性思维属于人类思维活动的高级形式,是人类通过自觉的、有目的、有意识的主观活动,来认识事物的本质,把握事物的规律,以指导人类的客观行为。有学者认为,理性思维是一种认知和人性上的思维,是对外部环境进行的富有逻辑性的分析与思考,尚属于思想范围,还没有付诸实施。有研究认为,付诸行动的理性思考才是完整的,才具有现实意义,才能够被我们用于实践教学活动。这正如相关学者所认为的那样,"理性的运用不是表现为某种抽象的纯形式或逻辑一般,因为它与具体的生命存在没有分离。理性既是生命的内在本质,也是生命自我实现的理想状态。"

一般而言,理性思维应具备如下条件:一是对于感性知识的事物进行富有逻辑的思考；二是对于思考的东西做出恰如其分的说明、概括；三是在概括内容上努力实现递进关系；四是将思考的内容付诸实践，检验其合理性。只有这四点具备了，才能说是真正的理性思维。

高校"大学语文"应具备培养理性思维的功能。这是由于人既是社会中的人，也是文化中的人，是各种文化的生成，人的人文背景、价值导向、思考方式、道德品质，使人的活动变成了文化的活动。再加上高职院校的学生心智业已成熟，应当具备了相当的理性思考条件。与此同时，理性思维对于教学科研具有决定性的意义，无论是文科类学生，还是理工类学生，都应当具备这项基本功能，这是全面开展人文素养教育的大前提之一。

那么，大学语文应以何种方式让学生树立起理性的思维方式呢？首先是充分发挥文的心理重构功能。自有生命以来，人可能会受到各种不同物质环境的影响，进而形成复杂的心理世界，可能是光明进步的，也可能是阴暗落后的。此时，大学语文特有的工具性与人文性就派上了用场。通过学习大学语文，可以让学生延展知识面，丰富精神世界，分清善与恶、美与丑，以人文素养来健全心理品格。其次是授予正确合理的思维方法。大学语文收录的文章大都是名家名篇，是文化的精品，是智慧的结晶。

第二章 大学语文教学的理论基础

第一节 建构主义理论

建构主义也称作结构主义,是认知心理学派的一个分支。建构主义的代表人物是皮亚杰(J. Piaget)、科恩伯格(O. Kernberg)、斯滕伯格(R. J. sternberg)、卡茨(D. Katz)、维果茨基(Vogotsgy)。皮亚杰是认知发展领域最具影响力的一位心理学家,他所创立的关于学生认知发展的学派被人们称为日内瓦学派。皮亚杰关于建构主义的基本观点是,学生是在与周围环境相互作用的过程中,逐步建构起关于外部世界的知识,从而使自身认知结构得到发展的。学生与环境的相互作用涉及两个基本过程:"同化"与"顺应"。同化是指个体把外界刺激所提供的信息整合到自己原有认知结构内的过程;顺应是指个体的认知结构因外部刺激的影响而发生改变的过程。同化是认知结构数量的扩充,而顺应则是认知结构性质的改变。认知个体通过同化与顺应这两种形式来达到与周围环境的平衡;当学生能用现有图式去同化新信息时,他处于一种平衡的认知状态;而当现有图式不能同化新信息时,平衡即被破坏,而修改或创造新图式(顺应)的过程就是寻找新的平衡的过程。学生的认知结构就是通过同化与顺应过程逐步建构起来,并在"平衡—不平衡—新的平衡"的循环中不断地丰富、提高和发展。

建构主义理论一个重要概念是图式。图式是指个体对世界的知觉理解和思考的方式，也可以把它看作心理活动的框架或组织结构。图式是认知结构的起点和核心，或者说是人类认识事物的基础。因此，图式的形成和变化是认知发展的实质，认知发展受三个过程的影响：同化、顺化和平衡。建构主义学习理论是20世纪80年代末、90年代初以来兴起的一种学习观，其建构的观念可追溯到皮亚杰和早期布鲁纳（Jerome Bruner）的思想中。20世纪70年代末，布鲁纳等人将苏联教育心理学家维果茨基的思想介绍到美国，受其影响，建构主义思想得到了进一步发展。

建构主义者认为，世界是客观存在的，但是每个人对于世界的理解以及对于世界所赋予的意义却是不同的。人们以自己的经验来理解世界。由于人们的经验各不相同，对世界的解释也就大不相同。古宁汉（D. J. Cunningham，1991）认为，"学习是建构内在的心理表征的过程，学习者并不是把知识从外界搬到记忆中，而是以已有的经验为基础，通过与外界的相互作用来建构新的理解"。建构主义认为，"知识不是通过教师传授得到的，而是学习者在一定的社会文化背景下（一定的情境），借助其他人（教师和学习伙伴）的帮助，利用必要的学习资源，通过意义建构方式获得的"。它强调学生在学习过程中处于核心地位，教师应当充分利用丰富的教学资源和灵活多样的教学手段，帮助学生建构知识，促使学生由"要我学"向"我要学"转变。建构主义理论的内容很丰富，但其核心可以概括为：以学生为中心，强调学生对知识的主动探索，主动发现和对所学知识意义的主动建构（而不是像传统教学那样，只是把知识从教师头脑中传送到学生的笔记本上）。

建构主义教育理论认为：知识是相对和不断变化的，不能通过直接传授的方法教授给学生，必须依靠学生积极主动地建构，即学习者在一定的情境和社会背景下，借助其他人的帮助，充分利用各种学习资源，通过意义建构而获得。由于知识是在一定的情境下借助他人的帮助而实现的意义建构过程，因而"情境创设""协作学习""会话交流"和"意义建构"是学习环境中的四大要素。其中，"情境"是指学习者学习活动的社会文化背景，它有利于学习者对所学内容的意义建构。因此，教学设计不仅要考虑教学目标，还要考虑不利于学生建构意义的情境创设问题，并把情境创设看作教学设计的重要内容之一。"协作"是指学习者在学习过程中，教师和同学的相互作用，协作贯穿于学习过程的始终。"会话"是协作过程中不可缺少的环节，是建构的重要手段之一，学习小组成员之间必须通过会话商议如何完成规定的学习任务计划。"意义构建"是整个学习过程的最终目标，其建构的意义是指事物的性质、规律以及事物之间的内在联系。建构的意义就是帮助学生对当前学习内容所反映的事物的性质、规律以及该事物与其他事物之间的内在联系达到较深刻的理解。这种理解在大脑中长期存在的形式就是图式，也就是关于当前所学内容的认知结构。同时，对于许多学科，特别是人文学科来说，应该鼓励学习者建构他自己独特的意义，形成他自己独特的认知结构。

建构主义提倡在教师指导下的以学习者为中心的学习，也就是说既强调学习者的认知主体作用，也不忽视教师的指导作用。教师是意义建构的帮助者、促进者，而不是知识的传授者与灌输者，学生是信息加工的主体，是意义的主动建构者，而不是外部刺激的被动接受者和被灌输的对象。信息网络的基本特征和它映射于语文教学所体现出来的特征，契合于建构主义的基本理论需求。网络信息的丰富多彩给探究问题提供了材料上的保证，网络的空间特征满足了语文教学创设学习情境并对之实施及时有效控制的空间要求。网络传播的解构功能不仅可以增强学习者的兴趣和挑战心理，而且它也是促成学习者对周围瞬息万变的真实信息世界进行理解性重构的重要因素之一。建构主义理论是网络环境下实施语文教学的重要理论基础。

建构主义的教学思想有以下几类：

（1）建构主义的知识观。首先知识不是对现实的纯粹客观的反映，任何一种承载知识的符号系统都不是绝对真实的表征。它只不过是人们对客观世界的一种解释、假设或假说，不是问题的最终答案，它必将随着人们认识程度的深入而不断地变革、升华和改写，出现新的解释和假设；再者知识并不能绝对准确无误地概括世界的法则。在具体的问题解决中，知识是不可能一用就准、一用就灵的，而是需要针对具体问题的情景对原有知识进行再加工和再创造；其次知识不可能以实体的形式存在于个体之外，尽管通过语言赋予了知识一定的外在形式，并且获得了较为普遍的认同，但这并不意味着学习者对这种知识有同样的理解。真正的理解只能是由学习者自身基于自己的经验背景而建构起来的，取决于特定情况下的学习活动过程。否则，就不叫理解，而是叫死记硬背或生吞活剥，是被动的复制式的学习。

（2）建构主义的学习观。第一，学习不是由教师把知识简单地传递给学生，而是由学生自己建构知识的过程。学生不是简单被动地接收信息，而是主动地建构知识的意义，这种建构是无法由他人来代替的。第二，学习不是被动接收信息刺激，而是主动地建构意义，是根据自己的经验背景，对外部信息进行主动的选择、加工和处理。外部信息本身没有什么意义，意义是学习者通过新旧知识经验间的反复的、双向的相互作用过程而建构成的。因此，学习不是"刺激反应"。第三，学习意义的获得，是学生以自己原有的知识经验为基础，对新信息重新认识和编码，建构自己的理解的过程。在这一过程中，学生原有的知识经验因为新知识经验的进入而发生调整和改变。第四，同化和顺应，是学生认知结构发生变化的两种途径或方式。同化是认知结构的量变，顺应则是认知结构的质变。同化—顺应—同化—顺应……循环往复，平衡—不平衡—平衡—不平衡……相互交替，人的认知水平的发展就是这样的一个过程。学习不是简单的信息积累，更重要的是包含新旧知识经验的冲突，以及由此而引发的认知结构的重组。学习过程不是简单的信息输入、存储和提取，是新旧知识经验之间的双向的相互作用过程，也就是学生与学习环境之间互动的过程。

（3）建构主义的学生观。第一，建构主义强调，学生并不是空着脑袋进入学习情景中的。在日常生活和以往各种形式的学习中，他们已经形成了有关的知识经验，他们对任何事情都有自己的看法。即使是有些问题他们从来没有接触过，没有现成的经验可以借鉴，但是当问题呈现在面前时，他们还是会基于以往的经验，依靠认知能力，形成对问题的解释，提出他们的假设。第二，教学不能无视学生的已有知识经验，简单强硬地从外部对学生实施知识的"填灌"，而是应当把学生原有的知识经验作为新知识的生长点，引导学生从原有的知识经验中，形成新的知识经验。教学不是知识的传递，而是知识的处理和转换。第三，教师与学生、学生与学生之间需要共同针对某些问题进行探索，并在探索的过程中相互交流和质疑，了解彼此的想法。由于经验背景的差异，学生对问题的看法和理解经常是千差万别的。其实，在学生的共同体中，这些差异本身就是一种宝贵的现象资源。建构主义虽然非常重视个体的自我发展，但是他也不否认外部引导，亦即教师的影响作用。

第二节　系统科学理论

系统科学理论是研究一切系统的模式、原理和规律的科学。它是在系统论、控制论、信息论（简称"旧三论"）的基础上发展起来的，并逐渐形成了耗散结构论、协同论、突变论（简称"新三论"）。系统科学理论既是现代自然科学、社会科学、思维科学发展和综合的结果，又是现代科学研究的一般方法论。系统科学理论对现代科学的跨越式发展起到了极大的推动作用，对其他学科具有方法论的指导作用，对教育科学这一涉及诸多学习变量和教学变量的复杂系统更是具有积极的启发意义。系统科学对教学技能的学习与训练也具有积极的指导作用。

一、系统论、控制论、信息论概述

（一）系统论、控制论、信息论

1. 系统论

系统论的主要创立者是美籍奥地利生物学家贝塔朗菲（L. V. Bertalanfy）。他在1947年发表的《一般系统论》一书中提出了"一般系统论"的观点，奠定了系统论的基础。该理论把自然界、人类社会及人类思维都看作具有不同特点的系统。系统是由两个以上相互作用和相互联系的要素结合而成的，是具有特定的整体结构和适应环境的特定功能的有机整体。系统各部分之间的相互作用越协调，系统结构就越合理，系统在整体上就越能达到较高水平，从而实现整体的功能大于各部分功能之和。宇宙中的任何事物都是以系统形式存在、发展着的，甚至可以说："系统无处不在，万物皆成系统"。教学技能也同样以系统的形式存在和发展着。如果用具有普遍指导意义的系统思想和方法指导教学技能的训练和应用，必将使教学技能的获得更有效，且更易实现教学技能到教学技巧、教学技艺乃至教学艺术的转变。

2. 控制论

控制论的主要创立者是美国学者、数学家维纳（N. Wiener）。我国著名教育家查有梁先生在他的《系统科学与教育》一书中为控制论下了这样一个简要的定义：控制论是关于生物系统和机械系统中控制的科学。系统的输出变为系统的输入就是反馈；通过反馈实现有目的的活动就是控制。一个系统既有控制部分将控制信息输入到受控部分，也有受控部分把反馈信息回送到控制部分，形成闭合回路，来实现系统的有效控制，由控制论产生了反馈控制法。这种方法认为：任何一个系统因内部变化、外部干扰，会产生不稳定，为保持系统稳定或按照一定路径达到预定目标，就必须进行控制。学习可以看成是一个信息加工的过程，若这过程中的各个环节能够得到有效的控制，使得教与学之间的信息转换与反馈正常进行，就会使教学的效率和质量得到极大的提高。因此，控制论中的相关理论与方法必然会对如何有效控制教学过程，实现教学优化提供科学依据与指导。

3. 信息论

1948年美国数学家、工程师香农（C. E. Shannon）发表的《通讯的数学理论》标志着信息论的诞生。信息论是研究各种系统中信息的计量、传递、变换、贮存和使用规律的科学。其原始意义主要是一门通信理论，即希望通过对各种通信系统中信息传输的普遍规律的研究，提高通信系统的有效性和可靠性。当它应用于教育系统，则可以理解为通过对教育系统中教学信息输入输出的一般规律的研究，即通过分析教学信息，分析教学系统的信息传播特点与规律，以及处理教学信息等，达到提高教育教学系统中教学有效性的目的。

（二）系统科学的基本原理

系统论、控制论、信息论这三论，既相互区别，又相互渗透、相互联系，统称为"旧三论"。从中提炼出来的系统科学的基本原理对教学技能的训练和应用有着方法性的指导作用。

1. 整体原理

任何系统只有通过相互联系形成整体结构才能发挥整体功能，系统中各要素是相互作用、相互依存的，没有整体联系、整体结构，要使系统发挥整体功能是不可能的。在教学技能的训练和应用中，应把教学技能看作一个系统，从宏观上把握，从整体上分析，综合考虑课堂教学过程中的各个要素和环节，使教学技能的整体功能得以有效发挥。

2. 有序原理

任何系统只有开放，才可能走向有序，形成新的稳定的有序结构，以使系统与环境相适应。在教学技能的训练和应用中，要处理好各种教学技能之间以及教学技能与外部教学环境之间的关系，使它们之间形成平衡有序的状态。教学系统要在社会环境中存在和发展，要与外界有信息物质等的交换，必然要求它是一个开放的系统，要不断地吸收各学科的新信息，引进先进的技术，使之从无序走向有序，使教学技能适应不断变化的教学环境。

3. 反馈原理

任何系统只有通过反馈信息才可能实现有效的控制。一个控制系统，既有输入信息，又有输出信息，系统的控制部分根据输出信息（反馈信息），进行比较、纠正和调整它发出的输入信息（控制信息），从而实现控制。在教学技能的训练和应用中，要随时根据反馈信息来了解教学情况，对教学过程进行协调控制以实现教学系统的功能。

二、耗散结构论、协同论、突变论概述

（一）耗散结构论、协同论、突变论

1. 耗散结构论

1969年，比利时物理学家普利高津（Prigogine）提出了"耗散结构"学说，它回答了开放系统如何从无序走向有序的问题。耗散结构理论认为，有序来自非平衡态，非平衡是有序源。在一定条件下，当系统处于非平衡态时，它能够产生、维持有序性的组织，不断和外界交换物质和能量，系统本身尽管在产生熵，但又同时向环境输出熵，输出大于产生，系统保留的熵在减少，所以走向有序。"耗散"的含义在于这种结构的产生不是由于守恒的分子力，而是由于能量的耗散，系统只有耗散能量才能保持结构稳定。耗散结构理论能够解决很多系统的有序演化问题，包括教育系统，它不仅对自组织产生的条件、环境做出了重要的判断，而且对于把被组织的事物或过程转变为自组

织的事物或过程具有启发的、可操作的意义。

2. 协同论

德国学者哈肯（Hermann Haken）于1976年提出了"协同论"。协同论研究各种不同的系统从混沌无序状态向稳定有序结构转化的机理和条件。哈肯指出："从混沌状态而自发形成的结构，乃是科学家们所面临的最吸引人的现象和最富于挑战性的问题之一。"协同论最根本的思想和方法是系统自主地、自发地通过子系统的相互作用而产生的系统规则。竞争与合作的方法是它的重要研究内容，协同论最基本的概念也是竞争与协作。复杂性的模式实际上是通过底层（或低层次）子系统的相互作用产生的。正如在大脑中寻找精神一样，在低层次中寻找复杂性的模式是徒劳的，但我们可以从相互作用的方式和结构，以及这种作用的运动演化过程中寻求到上一层次模式的呈现和轮廓。

3. 突变论

法国数学家托姆（R.Thom）在20世纪60年代提出了一种拓扑数学理论，该理论为现实世界的形态发生突变现象提供了数学框架和工具。突变论在研究复杂性问题和过程时具有特殊的方法论意义。人们常把缓慢变化称为渐变，把瞬间完成明显急促的变化称为突变，但是突变与渐变的这种经验性认识既不准确也不科学。它们的本质区别不是变化率大小，而是变化率在变化点附近有无"不连续"性质出现，突变是原来变化的间断，渐变是原来变化的延续。所以突变属于间断性范畴，渐变属于连续性范畴。突变论的模型为思考人类思维过程和认识机制提供了新的思路。

认识形态并不具有随意性，而是由其内部和外部条件预先决定的，托姆指出：我们思想的内在运动与作用于外部世界的运动，两者在根本上并没有什么不同。外部的模型变化可通过耦合的办法在我们的思想深处建立起来，这也正是认识的过程。

（二）自组织原理

耗散结构论、协同论、突变论作为系统科学的"新三论"，又称自组织理论，它深入研究了系统如何产生、如何利用信息交流将不同的部分组织起来，从而形成整体以及系统如何演化等问题。

自组织是指在一定的外界条件下，通过系统内部的非线性相互作用，经过突变而形成一种新的稳定有序的结构状态，也就是系统"自发地"组织起来，形成和完善自身的结构。这也就是说，系统形成的各种稳定有序的结构是系统内部各因素彼此的相干性、协同性或某种特性相互作用的结果，不是外界环境直接强加给系统的。只要是通过内部因素的相互作用而组成的有序结构都是自组织。

在教育教学中，教师要用"自组织"的观点看待教学和学习过程、看待学生。要把学生看作一个自组织的系统，学生的学习不是通过教师的强制教学实现的，而是要对其知识结构、能力构成和内部学习机制等进行整体的分析，有针对性地创造条件和教学情境，引发学生主动认知才能实现。由此，教师要充分认识到学生是学习的主体，真正实现教学的指导者和组织者的角色转变。

三、系统方法

（一）系统方法概述

系统方法是在运用系统科学的观点和方法来研究、处理各种复杂的系统问题时产生的。系统方法是按照事物本身的系统性把对象以系统的形式加以考察的方法，它侧重于系统的整体性分析，从组成系统的各要素之间的关系和相互作用中去发现系统的规律性，从而指明解决复杂系统问题的一般步骤、程序和方法。

（二）系统方法的作用

系统方法是认识、调控、改造、创造复杂系统的有效手段。世界上的事物和过程是复杂的，是由多种因素或子系统的复杂的相互作用所构成的，对理解和解决系统问题需要系统的分析和整体的思考。系统科学方法为解决系统问题提供了方法论的指导。

系统方法为人们提供了制定系统最佳方案以及实行最优组合和最优化管理的手段。系统方法是指通过研究系统的要素结构以及与环境的关系，经过科学的计算、预测，设计实现系统目标的多种方案，从中选择最佳的设计和实施方案并制定最佳控制和进行最优管理，以达到最佳功能目标。在人类认识世界和改造世界的过程中，系统方法在制定最佳方案、优化组合与管理等方面，都是可资利用解决问题的最佳手段。

系统科学方法为人们提供了新的思维模式。它突破了传统的只侧重分析的机械方法的栅栏，指导人们从总体上进行思维，探索科学技术发展的新思路，促进自然科学与社会科学的统一，促进科学家与哲学家的联盟，帮助人们打破两种科学、两种文化的界限，建立统一的世界图景和文化图景，建立起系统的自然观、科学观、方法论和系统的人类社会图景。

在教育领域运用系统科学理论的思想、观点和方法，对教育系统的构成要素、组织结构、信息传递和反馈控制等进行分析、设计和评价等研究，可以促进教育系统的最优化。将系统方法应用于教学技能的学习，将有助于对教学技能的整体性理解和训练，对教学技能的获得与发展具有方法论的指导作用。

第三节 多元智力理论

多元智力理论又叫"多元智能理论",是20世纪由美国哈佛大学心理学家霍华德·加德纳教授提出的。传统的智力理论认为人类的认知是一元的,个体的智能是单一的、可量化的,而美国教育家、心理学家霍华德·加德纳在1983年出版的《智力的结构》一书中提出"智力是在某种社会或文化环境的价值标准下,个体用以解决自己遇到的真正的难题或生产及创造出有效产品所需要的能力"。每个人都至少具备语言智力、数理逻辑智力、音乐智力、空间智力、身体智力、人际交往智力和自我认知智力。这一理论被称为多元智力理论(Multiple Intelligences)。其基本性质是多元的,其基本结构也是多元的,各种能力不是以整合的形式存在而是以相对独立的形式存在。而现代社会是需要各种人才的时代,这就要求教育必须促进每个人各种智力的全面发展,让个性得到充分的发展和完善。主要内容有以下几点:

言语—语言智力(verbal-linguistic intelligence)。是指对外语的听、说、读、写的能力,表现为个人能够顺利而高效地利用语言描述事件、表达思想并与人交流的能力。这种智力在记者、编辑、作家、演说家和政治领袖等人身上有比较突出的表现,例如由记者转变为演说家、作家和政治领袖的丘吉尔。言语—语言智力是一种与生俱来的口才能力,与知识面无关,外在语言模仿上也表现很出色!对于演讲、教育、辩论有着流的口才能力。

音乐—节奏智力(musical-rhythmic intelligence)。是指感受、辨别、记忆、改变和表达音乐的能力,具体表现为个人对音乐美感反映出的包含节奏、音准、音色和旋律在内的感知度,以及通过作曲、演奏和歌唱等表达音乐的能力。这种智力在作曲家、指挥家、歌唱家、演奏家、乐器制造者和乐器调音师身上有比较突出的表现,例如音乐天才莫扎特。

逻辑—数理智力（logical-mathematical intelligence）。是指运算和推理的能力，表现为对事物间各种关系如类比、对比、因果和逻辑等关系的敏感，以及通过数理运算和逻辑推理等进行思维的能力。它是一种对于理性逻辑思维较显著的智力体现，对数学、物理、几何、化学乃至各种理科高级知识有超常人的表现，是理性的思考习惯，一些数学家、物理科学家往往这个方面的智力点数都不低。在侦探、律师、工程师、科学家和数学家身上有比较突出的表现，例如相对论的提出者爱因斯坦。

视觉—空间智力（visual- spatial intelligence）。是指感受、辨别、记忆、改变物体的空间关系并借此表达思想和情感的能力，表现为对线条、形状、结构、色彩和空间关系的敏感，以及通过平面图形和立体造型将它们表现出来的能力。同时对宇宙、时空、维度空间及方向等领域的掌握理解，是更高一层智力的体现，是有相当的理性思维基础习惯为依托的前提的。这种智力在画家、雕刻家、建筑师、航海家、博物学家和军事战略家的身上有比较突出的表现，例如画家达·芬奇。

身体—动觉智力（bodily- kinesthetic intelligence）。是所有体育运动员、世界奥运冠军们必须具备的一项智力。运用四肢和躯干的能力，表现为能够较好地控制自己的身体，对事件能够做出恰当的身体反应，以及善于利用身体语言表达自己的思想和情感的能力。这种智力在运动员、舞蹈家、外科医生、赛车手和发明家身上有比较突出的表现，例如美国篮球运动员迈克尔·乔丹。言语—语言智力能有效地组织协调人的四肢，从而达到有效的运动能量。

自知—自省智力（self-questioning intelligence）。是指认识洞察和反省自身的能力，表现为能够正确地意识和评价自身的情感、动机、欲望、个性、意志，并在正确的自我意识和自我评价的基础上形成自尊、自律和自制的能力。这种智力在哲学家、思想家、小说家等人身上有比较突出的表现，例如哲学家柏拉图。

交往—交流智力（interpersonal intelligence）。是指与人相处和交往的能力，表现为觉察、体验他人情绪、情感和意图并据此做出适宜反应的能力，也是情商的最好展现。因为人和人的交流就是靠语言或眼神以及文字书写方式来传递。种智力在教师、律师、推销员、公关人员、谈话节目主持人、管理者和政治家等人身上有比较突出的表现，例如美国黑人领袖、社会活动家马丁·路德·金。

自然—观察智力（naturalist intelligence）。是指认识世界、适应世界的能力，是一种在自然世界里辨别差异的能力，如植物区系和动物区系、地质特征和气候。对我们自己身处的这个大自然环境的规律认知，如历史、人体构造、季节变化方向的确立、磁极的存在、感知灵性空间的超自然科学能力，能适应不同环境的生存能力。

存在智力（existential intelligence）。是指陈述、思考有关生与死和终极世界的倾向性，即人们的生存方式及其潜在的能力。如人为何要到地球上来，在人类出现之前，地球是怎样的，在另外的星球上生命是怎样的，以及动物之间是否能相互理解等。

每个人都在不同程度上拥有上述九种基本智力，智力之间的不同组合表现出个体间的智力差异。教育的起点不在于一个人有多么聪明，而在于怎样变得聪明，在哪些方面变得聪明。在加德纳教授看来，能否解决实际生活中的问题和创造出社会所需要的有效的产品是智力的体现。因此，智力是个体解决实际问题的能力和生产出或创造出具有社会价值的有效的产品的能力。

多元智力理论对教育实践活动的影响是全方位的，涉及教育的学生观、教师观、教学观、目标观、评价观等教育理念。

（1）学生观。每个学生都是多种智力的组合，但由于不同环境和教育的影响与制约，在每个人身上智力以不同方式、不同程度组合，使每个人的智能各具特点，每个人都呈现出智力的强项和弱项。在一个充满教育性的环境下，智力是可以提升的，只要能得到适当的刺激，几乎所有的智力在任何年龄段都可以发展。因此，在智能发展上不存在失败的学生。

（2）教师观。教师必须全方位地了解每一个学生的背景、兴趣爱好、智力特点、学习强项等，从而确定最有利于学生学习的教学方法与策略。教师的教必须通过学生的学来确定是否有效。

（3）教学观。学生个体之间存在智力差异，要求教学上以最大程度的个别化方式来进行。在教育中考虑学生个人的强项，使用不同的教材或手段，使每一个学生都有学会教学内容的机会，让学生有机会将学到的内容向他人展示，使学生的全脑智能都得到最大限度的发展。认真地对待学生的个别差异正是多元智力理论的核心。

（4）目标观。多元智力理论的教学目标是开发学生的多元智力，为多元智力而教，并通过多元智力来教，使学生有机会更好地运用和发展自己的多种智力。

（5）评价观。多元智力理论认为评价要体现发展性。评价不以发现人的缺陷为导向，而是发展人的强项，并为其积极的变化提供基础，最终促进全面的发展。

网络环境下的语文教学依赖高效的教学平台与丰富的信息资源来开展教学活动，为学生提供了一种新的学习方式，学生的主体地位得到凸显。网络教学尊重每一个个体，平等地对待每一个学生，促进每一个学生的全面发展和个性的充分展示。同时，丰富的学习资源和表现方式的多样化从客观上决定了网络教学属于个别化教学。多元智力理论的观点和网络环境下语文教学的特点非常吻合，是网络环境下实施语文教学的理论基础之一。

第四节 人本主义学习理论

人本主义于 20 世纪 50~60 年代在美国兴起，70~80 年代迅速发展，它既反对行为主义把人等同于动物，只研究人的行为，不理解人的内在本性，又批评弗洛伊德只研究神经症和精神病人，不考察正常人心理，因而被称为心理学的第三种运动。人本学派强调人的尊严、价值、创造力和自我实现，把人的本性的自我实现归结为潜能的发挥，而潜能是一种类似本能的性质。人本主义最大的贡献是看到了人的心理与人的本质的一致性，主张心理学必须从人的本性出发研究人的心理。该学派的主要代表人物是马斯洛和罗杰斯。马斯洛的主要观点：对人类的基本需要进行了研究和分类，将之与动物的本能加以区别，提出人的需要是分层次发展的；他按照追求目标和满足对象的不同把人的各种需要从低到高安排在一个层次序列的系统中，最低级的需要是生理的需要，这是人要优先满足的需要。罗杰斯的主要观点：在心理治疗实践和心理学理论研究中发展出人格的"自我理论"，并倡导了"患者中心疗法"的心理治疗方法。人类有一种天生的"自我实现"的动机，它是一个人最大限度地实现自身各种潜能的趋向。

人本主义的学习与教学观深刻地影响了世界范围内的教育改革，是与程序教学运动、学科结构运动齐名的 20 世纪三大教学运动之一。人本主义心理学是有别于精神分析与行为主义心理学的"第三种力量"，主张从人的直接经验和内部感受，了解人的心理，强调人的本性、尊严、理想和兴趣，认为人的自我实现是人的行为的决定因素。人本主义心理学的目标是对作为一个活生生的完整的人进行全面描述。人本主义心理学家认为，行为主义将人类学习混同于一般动物学习，不能体现人类本身的特性，而认知心理学虽然重视人类认知结构，却忽视了人类情感、价值观、态度等最能体现人类特性的因素。在他们看来，要理解人的行为，必须从行为者的角度来看待事物。要改变一个人的行为，必须先改变其信念和知觉。人本主义者特别关注学习者的个人知觉、情感、信念和意图，认为它们是导致人与人的差异的"内部行为"。

人本主义学习理论是建立在人本主义心理学的基础之上的。对人本主义学习理论产生深远影响的有两位著名的心理学家，分别是美国心理学家马斯洛（A. Maslow）和罗杰斯（Carl R. Rogers）人本主义主张，心理学应当把人作为一个整体来研究，而不是将人的心理分解为不完整的几个部分，应该研究正常的人，更应该关注人的高级心理活动，如热情、信念、生命、尊严等内容。人本主义的学习理论从全人教育的视角阐释了学习者整个人的成长历程，以发展人性；注重启发学习者的经验和创造潜能，引导其结合认知和经验，肯定自我，进而自我实现。人本主义学习理论重点研究如何为学习者创造一个良好的环境，让其从自己的角度感知世界，形成对世界的理解，达到自我实现的最高境界。

罗杰斯认为，人类具有天生的学习愿望和潜能，这是一种值得信赖的心理倾向，它们可以在合适的条件下释放出来；当学生了解到学习内容与自身需要相关时，学习的积极性最容易激发。罗杰斯认为，教师的任务不是教学生知识，也不是教学生如何学习知识，而是要为学生提供学习的手段，至于应当如何学习应当由学生决定。教师的角色应当是学生学习的"促进者"。罗杰斯认为，一个人的自我概念极大地影响着他的行为。心理变态者主要是由于他有一种被歪曲的、消极的自我概念。如果他要获得心理健康，就必须改变这个概念。因此，心理治疗的目的就在于帮助病人或患者创造一种有关他自己的更好的概念，使他能自由地实现他的自我，即实现他自己的潜能，成为功能完善者。由于罗杰斯认为患者有自我实现的潜能，它不是被治疗家所创建的，而是在一定条件下自由释放出来的，因此"患者中心疗法"的基本做法是鼓励患者自己叙述问题，自己解决问题。治疗者在治疗过程中，不为患者解释过去压抑于潜意识中的经验与欲望，也不对患者的自我报告加以评价，只是适当地重复患者的话，帮助他澄清自己的思路，使患者自己逐步克服他的自我概念的不协调，接受和澄清当前的态度和行为，达到自我治疗的效果。而要有效运用患者中心疗法，使病人潜在的自我得到实现，必须具备三个基本条件，这就是：①无条件地积极关注（unconditional positive regard）：治疗者对患者应表现出真诚的热情、尊重、关心、喜欢和接纳，即使当患者叙述某些可耻的感受时，也不表示冷漠或鄙视，即"无条件尊重"；②真诚一致（congruence）：治疗者的想法与他对患者的态度和行为应该是相一致的，不能虚伪做作；③移情性理解（empathic understanding）：治疗者要深入了解患者的感情和想法，设身处地地了解和体会患者的内心世界。

由于人本主义心理学家认为人的潜能是自我实现的，而不是教育的作用使然，因此在环境与教育的作用问题上，他们认为虽然"人的本能需要一个文化来孕育他们，使他们出现，以便表现或满足自己"，但是归根到底，"文化、环境、教育只是阳光、食物和水，但不是种子"，自我潜能才是人性的种子。他们认为，教育的作用只在于提供一个安全、自由、充满人情味的心理环境，使人类固有的优异潜能自动地得以实现。在这思想指导下，罗杰斯在20世纪60年代将他的"患者中心"（client centered）的治疗方法应用到教育领域，提出了"自由学习"和"学生中心"（student centered）的学习与教学观。

罗杰斯认为，情感和认知是人类精神世界中两个不可分割的有机组成部分，彼此是融为一体的。因此，罗杰斯的教育理想就是要培养"躯体、心智、情感、精神、心力融汇一体"的人，也就是既用情感的方式也用认知的方式行事的情知合一的人。这种知情融为一体的人，他称之为"完人"（whole person）或"功能完善者"（fully functioning person）。当然，"完人"或"功能完善者"只是一种理想化的人的模式,而要想最终实现这一教育理想,应该有一个现实的教学目标,这就是"促进变化和学习,培养能够适应变化和知道如何学习的人"。他说:"只有学会如何学习和学会如何适应变化的人,只有意识到没有任何可靠的知识的人,只有寻求知识的过程的人,才是可靠的人,才是真正有教养的人。在现代世界中,变化是唯一可以作为确立教育目标的依据,这种变化取决于过程而不是静止的知识。"可见,人本主义重视的是教学的过程而不是教学的内容,重视的是教学的方法而不是教学的结果。由于人本主义强调教学的目标在于促进学习,因此学习并非教师以填鸭式严格强迫学生无助地、顺从地学习枯燥乏味、琐碎呆板、现学现忘的教材,而是在好奇心的驱使下去吸收任何他自觉有趣和需要的知识。罗杰斯认为,学生学习主要有两种类型:认知学习和经验学习,其学习方式也主要有两种:无意义学习和有意义学习,并且认为认知学习和无意义学习、经验学习和有意义学习是完全一致的。因为认知学习的很大一部分内容对学生自己是没有个人意义(persona significance)的,它只涉及心智(mind),而不涉及感情或个人意义,是一种"在颈部以上发生的学习",因而与完人无关,是一种无意义学习。而经验学习以学生的经验生长为中心,以学生的自发性和主动性为学习动力,把学习与学生的愿望、兴趣和需要有机地结合起来,因而经验学习必然是有意义的学习,必能有效地促进个体的发展。

所谓有意义学习(significant learning),不仅仅是一种增长知识的学习,还是一种与每个人各部分经验都融合在一起的学习,是一种使个体的行为、态度、个性以及在未来选择行动方针时发生重大变化的学习。在这里,我们必须注意罗杰斯的有意义学习(significant learning)和奥苏伯尔的有意义学习(meaningful learning)的区别。前者关注的是学习内容与个人之间的关系;后者则强调新旧知识之间的联系,它只涉及理智,不涉及个人意义。

对于有意义学习,罗杰斯认为主要具有四个特征:①全神贯注,整个人的认知和情感均投入到学习活动之中；②自动自发，学习者基于内在的愿望主动去探索、发现和了解事件的意义；③全面发展，学习者的行为、态度、人格等获得全面发展；④自我评估，学习者自己评估自己的学习需求、学习目标是否完成等。因此，学习能对学习者产生意义，并能纳入学习者的经验系统之中。总之，"有意义的学习结合了逻辑和直觉、理智和情感、概念和经验、观念和意义。若我们以这种方式来学习，便会变成统整的人。"

人本主义的教学观是建立在其学习观基础之上的。罗杰斯从人本主义的学习观出发，认为凡是可以教给别人的知识相对来说都是无用的；能够影响个体行为的知识，只能是他自己发现并加以同化的知识。因此，教学的结果，如果不是毫无意义的，那就可能是有害的。教师的任务不是教学生学习知识（这是行为主义者所强调的），也不是教学生如何学习（这是认知主义者所重视的），而是为学生提供各种学习的资源，让学生自己决定如何学习。为此，罗杰斯对传统教育进行了猛烈的批判。他认为在传统教育中，"教师是知识的拥有者，而学生只是被动的接受者；教师可以通过讲演、考试甚至嘲弄等方式来支配学生的学习，而学生无所适从；教师是权力的拥有者，而学生只是服从者"。因此，罗杰斯主张废除"教师（teacher）"这一角色，代之以"学习的促进者（facilitator）"。

罗杰斯认为，促进学生学习的关键不在于教师的教学技巧、专业知识、课程计划、视听辅导材料、演示和讲解、丰富的书籍等（虽然这中间的每一个因素有时候均可作为重要的教学资料），而在于特定的心理气氛因素，这些因素存在"促进者"与"学习者"的人际关系之中。那么，促进学习的心理气氛因素有哪些呢？罗杰斯认为，这和心理治疗领域中咨询者对咨客（患者）的心理气氛因素是一致的，这就是：①真实或真诚学习的促进者表现真我，没有任何矫饰、虚伪和防御；②尊重、关注和接纳：学习的促进者尊重学习者的情感和意见，关心学习者的方方面面，接纳作为一个个体的学习者的价值观念和情感表现；③移情性理解：学习的促进者能了解学习者的内在反应，了解学生的学习过程。在这样一种心理气氛下进行的学习，是以学生为中心的，"教师"只是学习的促进者、协作者或者说伙伴、朋友，"学生"才是学习的关键，学习的过程就是学习的目的之所在。

总之，罗杰斯等人本主义心理学家从他们的自然人性论出发，在教育实际中倡导以学生经验为中心的"有意义的自由学习"，对传统的教育理论造成了冲击，推动了教育改革运动的发展。这种冲击和促进主要表现在，突出情感在教学活动中的地位和作用，形成了一种以知情协调活动为主线、以情感作为教学活动的基本动力的新的教学模式；以学生的"自我"完善为核心，强调人际关系在教学过程中的重要性，认为课程内容、教学方法、教学手段等都维系于课堂人际关系的形成和发展；把教学活动的重心从教师引向学生，把学生的思想、情感、体验和行为看作教学主体，从而促进了个别化教学运动的发展。不过，罗杰斯对教师作用的否定，是不正确的，是言过其实的。

第五节　现代教学结构理论

发展性教学、结构主义教学、范例教学并称为现代教学的萨达流派，其思想不仅代表了一个时代，而且影响着当代教学的理论和实践。结构主义教学理论是20世纪50年代末产生于美国的一种教学理论，该理论提出要让学生掌握学科的基本结构，提倡早期学习、倡导广泛应用发现法等。结构主义教学理论的代表人物是美国心理学家、教育家布鲁纳。结构主义教学理论极大地促进了20世纪60年代美国中小学以课程改革为中心的教育改革运动，并获得了广泛的国际声誉。

现代教学结构理论即结构主义（Structuralism）教学理论，主要以结构主义教育理论及皮亚杰结构主义心理学为理论基础。它是对当代国际教学理论及实践有重要影响的教学理论。结构主义教学理论认为，任何一门学科都有一个基本结构，即具有其内在的规律性。它反映了事物间的联系，包含了"普遍而强有力的适应性"。不论教什么学科，都必须使学生理解学科的基本结构，而学科的基本结构即各门学科的基本概念、基本原理和规律。"基本"就是一个观念，它是进一步获得和增长新知识的"基础"；"结构"则是指学科的基本概念、基本原理以及它们之间的联系，指知识的整体和事物的普遍联系即规律。另外，布鲁纳指出，在教学中，不仅要让学生掌握一般的理论，还要培养他们对学习的态度、对推测和预测的态度、对独立解决问题的态度。因此，他强调教学活动是一种非常特殊的社会活动，教师和学生是教育活动中的两个基本要素，学生是受教育者，但不完全是被动接受教育的。在教学过程中，教师要认真研究学生、研究教法和指导学法，学生则要发挥主观能动性表现出最大可能的学习积极性和创造性。在课堂教学中，学生的学习是两个转化过程，一是由教材的知识结构向学生的认知结构转化；二是由学生的认知结构向智能转化，这种转化过程，只有以学生为主体、在教师的积极引导下才能实现，教师在教学过程中应与学生积极互动，共同发展，要处理好传授者与培养能力的关系，注重培养学生的独立性和自主性，引导学生质疑、调查、探究，在实践中学习，促进学生在教师指导下主动地富有个性地学习。教师应尊重学生的人格，关注个别差异，满足不同学生的学习需要，创设能引导学生主动参与的教育环境，激发学生的学习积极性，培养学生掌握和运用知识的态度和能力，使每个学生都能得到充分的主动的发展。

一、布鲁纳的结构主义教学理论的基本框架

1.智力发展过程

学生智力的发展离不开语言和文化的相互作用，而为学生有计划地提供语言体系、文化体系是教师的基本职责，学生智力的发展是在教师与学生的

教育关系中实现的。

2. 教材结构理论

主张编写出"既重视内容范围,又重视结构体系的教材"。重视内容指要求教材现代化,重视"结构"则是指要求教材包含学科基本概念、法则及联系,有助于学生"学习事物是怎样互相关联"的。

3. 发现学习法

学生要自己去发现教材结构是最有效的学习方法。发现学习的特点是:学生积极探索解决问题的方略、学生灵活而执着追求问题的解决。

4. 内部动机是学习的真正动机

内部动机是在学习本身中发现学习的源泉和报偿。激发学生内部动机主要通过利用惊奇、激发疑惑、提出具有几个解答不确凿的问题、设计困境、揭示矛盾等。

二、结构主义教学理论的要点

1. 要让学生掌握学科的基本结构

结构主义教学理论认为任何一门学科都有一个基本结构,即具有其内在的规律性。它反映了事物间的联系,包含了"普遍而强有力的适应性"。布鲁纳认为,学习的首要目的是为将来服务。学习为将来服务有两种方式:一是特殊迁移,二是原理和态度的迁移(这是教育过程的核心)。

2. 提倡早期学习(学习准备观念的转变)

布鲁纳在他的《教育过程》中的第一句话就是,任何学科都可以用某种理智的方法有效地教给处于任何发展阶段的任何学生。因此,学习准备是很重要的。学习准备主要指学生的年龄特征和智力发展水平,是否已经达到能学习某些学科。他认为,在发展的各个阶段,学生用他自己观察世界和解释世界的独特方式去表现那门学科的结构,能使学生掌握它;另外,学生的认识发展阶段固然和年龄有关，但也可以随文化和教育条件而加快、推迟或停滞。所以他主张，教学要向学生提出挑战性的课题，以促进学生认识的发展。他强调基础学科要提早学习，使学生尽早尽快地学习基础学科知识，这是布鲁纳关于学校课程设计的指导思想。

3. 布鲁纳论教学原理

布鲁纳认为，教学论是一种规范化的力量，它所关注的是怎样最好地学会人们想教的东西和促进学习，而不是描述学习。它有四个特点：①它应详细地规定最有效地使人能牢固地树立学习的心理倾向；②它应当详细规定将大量知识组织起来的方式，从而使学生容易掌握；③它应规定呈现学习材料最有效的序列；④它必须规定教学过程中贯彻奖励和惩罚的性质和步调。据此他提出了四条教学原则：动机原则，结构原则，程序原则，反馈强化原则。

4. 布鲁纳发现学习的理论

"发现学习"是布鲁纳在《教育过程》一书中提出来的。这种方法要求学生在教师的认真指导下，能像科学家发现真理那样，通过自己的探索和学习"发现"事物变化的因果关系及其内在联系，形成概念，获得原理。发现学习是以布鲁纳的认知心理学学习理论为基础的。他认为学习就是建立一种认知结构，建立认知结构是一种能动的主观活动，具有主观能动性。布鲁纳格外重视主动学习，主张学生自己思索探究和发现事物。发现学习的特点有：再发现、有指导地发现和以培养探究性思维为目标；学习的优点有：基本智慧潜力、激发学习的内部动机、掌握探索的方法、有助于记忆的保持。

三、布鲁纳结构主义教学理论的基本观点

1. 重视学生认知结构的发展和学科的知识结构

布鲁纳把认知发展作为教学论问题讨论的基础。他指出："一个教学理论实际上就是关于怎样利用各种手段帮助人成长和发展的理论。"布鲁纳将

其称为"成长科学",即认知科学或智力发展科学。他认为教育"不仅要教育成绩优良的学生,而且要帮助每个学生获得最好的智力发展,教育的任务在于发展智力。"布鲁纳认为,学习的实质在于主动地形成认知结构。认知结构是指由人过去对外界事物进行感知、概括的一般方式或经验所组成的观念结构。学生不是被动地接受知识,而是主动地获取知识,并通过把新获得的知识和已有的认知结构联系起来,积极地建构其知识体系。

2. 提倡发现学习,注重直觉思维

在教学方法上,布鲁纳主张"发现法"。"发现法"对学生来说是一种学习方法,叫作发现学习;对教师来说则是一种教学方法,叫作发现教学。他认为"我们教一门科目,并不是希望学生成为该科目的一个小型图书馆,而是要他们参与获得知识的过程。学习是过程,而不是结果。""发现教学所包含的,与其说是引导学生去发现那里发生的事情的过程,不如说是引导他们发现他们自己头脑里的想法的过程"。

他主张让学生主动地去发现知识,而不是被动地接受知识。布鲁纳的"发现学习"和"发现教学"以培养创新精神和实践能力为主要目的,其基本程序一般为:创设发现问题的情境→建立解决问题的假说→对假说进行验证→做出符合科学的结论→转化为能力。布鲁纳认为"发现"依赖于"直觉"思维,他主张在教学中采取有效方法帮助学生形成直觉思维能力、鼓励学生去猜想。

3. 提倡螺旋式课程

布鲁纳认为课程设计和教材的编写应根据学生当时认知发展水平,予以剪裁、排列和具体化,使知识改造成为一种与学生认知发展相切合的形式。他认为,课程或教材的编写应按照学科的基本结构来进行。由此,他提出了螺旋式课程编写方法。所谓螺旋式课程(spiral curriculum),就是以与学生的思维方式相符合的形式尽可能早地将学科的基本结构置于课程的中心地位。这样,学科结构就会在课程中呈螺旋式上升的态势。

第三章 大学语文教学过程

第一节 语文教育过程的本质和节律

一、语文教育的过程和方法的特殊性

语文教育的过程和方法除具有以上一般的特性之外，它还具有自己的特殊性，这就是开放性、关联性和回归性。语文教育是多个对象、多种层次、多种角度的对话。凡是世界上存在的，生活中遇到的，自己认识到的，都可以纳入语文教育的过程和方法之中。这就造成了语文教育过程和方法的丰富多彩。语文教育过程和方法的封闭必将导致语文教育的单调、枯燥和僵死。理解作品既是对作家的理解，更是对作品所表现的事物的理解。作文不仅仅是运用语言文字的问题，更是对事物、对社会、对世界认识的问题。事实、观点和意义之间、物质存在和精神生成之间都不是孤立的。主体客体之间、主体与主体之间存在着多种多样的或明或暗的包含、孕育、催生等紧密联系。语文教育的过程和方法最终要指向作为学习主体的学生自身，完成生命内部的意义建构，实现精神和心灵的发展。人和世界的联系是自己建立起来的，而不是由别人代为确立的。人的心智也正是在过程和方法中发展起来的。

具体地说，语文教育的过程要经过体验、感悟、思考、表达等几个阶段。最基本的方法是观察、诵读、想象、探究、交流等几种。过程和方法是融合

在一起的。语文学习研究的对象有两类：一类是具体实在物，另一类是符号替代物。对于具体实在物可以直接感受，而对符号替代物则需要通过想象转化为可以感受的具体实在物。敏锐的感知和体验是语文学习的最为关键的一步。

语文教育必须调动起学生的全部感官，用眼睛观察，用耳朵倾听，用舌头品尝，用鼻子嗅，用手触摸，用整个肉身来感受、来体验，这样，事物便和生命融为一体了。就是那一行行的文字也都成了鼻息撩人、光彩闪烁、温情流动的有生命的存在。文字以及事物通过学生的体验，经由联想，才可以进入人的灵魂并在灵魂里面升腾飞翔。要能够身有所感，心有所思，这才能进入到思考和研究的阶段。在思考和研究中，想象是极为重要的，这里的想象已不同于前一阶段中感性化的想象，这一阶段虽然不排除形象，但主要的是抽象和概括。它包括三个要素：一是接触实际，明了真实的存在；二是把握事物的本性，从事物的原因去解释事物；三是寻找事物之间的联系，促进运用。要获得对事物的真正理解，就要开启悟性，独立思考。最后一个阶段是表达和交流，表达和交流是语文教育的高级阶段。要把知识转化成自己所理解了的东西，要和实际接触，要运用主体的思考力，并形成自己的意见。切不可用别人的眼睛来取代自己的眼睛，用别人的头脑来取代自己的头脑。必须自己研究事物本身，发出属于自己的声音。这样，学习主体在表达和交流中跟世界建立起联系，同时又在日益广泛深刻的联系中丰富和提高了自己。

语文教育过程和方法的目标具有两重意义：一是它本身是教育的目标；二是它还是实现目标的途径，具有重要的发展功能。正确的方法能发展人，错误的方法能扼杀人。我们所说的体验、想象、表达的学习方法是自主的，它注重刺激学生的内部生长机制，能够解放和促进学生的创造性。由这样的方法构成的学习过程必定是充满生机的。学生置身于这样的学习过程，必然心灵自由，思维活跃。

二、语文教育过程的要素和特征

语文教育过程的要素。从过程的要素入手来分析语文教育是最基础的一步。语文教育的过程包括三个主体要素和一个关联要素,主体要素是学生、教材和教师,关联要素是三个主体要素之间的相互关系。

学生。学生作为一种心灵化的存在物,是教育过程中最基本、最活跃的因素。它既是教育的出发点也是教育的归宿,是过程和目标的统一体。学生的"心智绝不是被动的,它是一种永不休止的活动,灵敏、富有接受性,对刺激反应快。你不可能推迟它的生命,到你使它锋利了的时候才有生命"。心灵是一个参与者而不是参观者,学生在语文教育的过程中自我发展。

教材。教材是宇宙的一个镜像,是被意识了的世界存在物。实际存在物可以分为实体存在物和概念存在物两类。实体存在物是指具有形体的存在,它广泛地存在于自然界和人类社会。概念存在物是指符号化了的存在,如文学艺术作品。语文教材既包括概念存在物也包括实体存在物,实体存在物和概念存在物经由学生的感受等一系列精神活动而相互转化。学生通过学习教材而感知世界。语文教育就是学生和世界建立起广泛的联系并逐步深化的过程。教材提供认识的对象,发出呼唤。教材不是机械的冷冰冰的东西,它有巨大的潜能,它以蕴含的丰富信息走进主体并打破主体图式的平衡,促进主体形成张力,寻求发展。主体以积极响应的精神态度接纳教材,接受、发现、同化,最终达到主客一体的沟通和交融。

教师。语文教师的存在有两种意义:一是作为教材的存在。二是作为关联的存在,语文教师的这种二重性决定了他的重要性和复杂性。作为教材是指文化蕴含丰富的语文教师本身就是活跃的课程,是教材的重要组成部分。语文教师对教材的解读、对课程的组织以及他自身都是积极的文化性的实际存在物。作为关联的存在是指语文教师在学生和世界这两个实际存在物之中充当中介人的角色,在实体存在物和概念实存物之间起到重要的沟通和转化作用。特别重要的是,教师的人格、思想等精神力量在主客体的融合过程中起到重要的指示和促进作用。他亲手打开存在之门,以自己思想之光照射进去,使学生对世界的感受得到催化。教师不是主客之间的一堵墙,也不是一座桥,严格地说,是从桥上跑过去的过程。语文教师工作的价值在于他的过程性存在,教师的感受与学生的感受不是代替也不是重合,而是引发和催生。

关联。过程中各要素之间的关联紧密又频繁,而且各要素之间的关联方式直接决定着各要素效能的发挥。这就是说,关系决定存在,实际存在物的价值不能自我确证,而是在相互关联的过程中实现的。对话、交流、融合、催生,是语文教育各要素关联的本质属性。具体地说,学生、教师和教材是三位一体的,三者通过对话交流而生长,其中学生的生长是核心目标,它在各种关联中起着决定作用。教师在整个过程中都处于隐性的地位,语文教材是实际存在物与概念存在物之间转化和结合的标本,它若隐若现。它们在学生和世界相知之后而最终退出这个动态系统,留下的只是一个精神化的符号存在物,魂在而形逝。

语文教育过程的特征。语文教育过程是借助于语言对世界的认知过程,是学生在言语中自我组织的过程,它具有十分突出的个性特征。语文教育过程的特征可以概括为开放性、关联性和回归性。

过程的开放性。在语文教育过程中,主客体都表现出开放的特性,而且是双向对流的。主体的开放表现为学生心灵的接纳性,客体的开放表现为实际存在物的启示性。世界以无数的实在之物显现在我们面前,学生以独特的感受和独立的思想参与到语文教育过程之中,因此,客体的启示和主体的接纳、交集形成一个多重的对话领域。它的情形如火种与木柴的相遇,如两条江河的交融或对流。主客体任何一方的关闭都意味着语文教育过程的中止。从过程哲学来看,过程的中止便意味着实际存在物意义的丧失。教师的开放性表现为把教材和学生往同一个场域的集中和投放，教师不能束缚任何一方，而只能是打开、纠集、使主客体共存于一个统一体中。

过程的关联性。关联性是指对观点和意义之间联系的不断寻求，并考虑历史文化背景与关联情景的感知方式之间的联系。各种实际存在物之间都不是孤立的和封闭的。关联就是不断地寻求，不断地探索，发现事物之间的联系。这种联系主要是内在的精神上的联系。主要有：各存在物之间的联系，每一种存在物内外之间的联系，存在物在不同时空中所具有的意义的联系，对实际存在物的千差万别的感受方式及其结果的联系，实体存在物和概念存在物之间的联系。所有这些联系都可以归结为主客体之间的联系。这种联系是具有历史文化性的存在，是无限丰富的心灵之间架起的彩桥。关联在本质上表现为实存、观点和意义之间的联系。

过程回归性。回归性是语文教育过程最具价值的终结性的特征。如果说开放和关联是以主体的心灵为起源向四面八方的无数实际存在物发散，那么，回归则是从实际存在物向主体心灵的收拢。回归是经验的反思、意义的重构和整个机体的转变。回归的价值在于：主体跟世界的联系是自己建立起来的，而不是别人建立起来的；主体跟世界的联系靠的是感受而不是对世界的记忆；主体跟世界的联系是重组、整合和创建，而不是单向的孤立的储存。回归使得主体拥有世界，融入世界。回归性是语文教育的目的所在。语文教育最终要回到主体自身，通过对实际存在物的选择、感受、解释，完成意义的建构。

三、语文教育过程的本质和节律

语文教育过程的本质。语文教育的过程是丰富多彩的，学生、教材和教师的不同都使得每一个过程显示出鲜明的个性。但是不同个性的过程在本质上是一致的，即都具有实践和创造的本质特征。

过程的实践性。实践是指主体与实际存在物的亲密接触，主体感受客体并达到二者的和谐统一。语文教育的实践表现为紧密相连的两个阶段或形式，即认识和表达。认识是感受，表达是理解。认识是表达的前提，表达是认识的深化。认识和表达结合在一起促进主客体之间的广泛深刻的联系。在语文的实践中，认识侧重于感性的把握，而表达中则渗入了理性的思辨。

过程的创造性。语文教育的创造是指发现实际存在物之间的联系及其价值。创造重在物质存在和精神存在之间的转化，在于想象、判断和推理，在于主客体及其各种感受之间的沟通。教育的价值在于发展和创新。"最重要的是，我们必须警惕缺乏活力的死板概念，也就是未经思考，未经经验的，对观念囫囵吞枣式的接受。"怀特海把只会记住概念而不会感受和思考的人称作"名存实亡的人"。他说："信息的碎片与这种教育完全是两码事……一个仅由信息装备起来的人是世界上最无用的。"语文教育"是思想的活动和对美及人类感情的接受"。这种接受应该是自我生成性的。经过对实际存在物的感受、转变、多重解释，达到理解并最终实现意义的建构。

实践和创造是融为一体的，创造是在实践中的创造，实践也是创造意义上的实践。把实践和创造联系在一起的是主体的精神的自由。离开了主体的精神自由，实践和创造都将是不可能的事情。

语文教育过程的节律。过程的节律是语文教育中最具有实践意义的一个问题。语文教育的过程是通过节律展开的，过程的要素、特征和本质也是经由节律才能得以参与到过程中并在过程中体现的。我们从长度、环节、动力和中介四个方面来讨论语文教育过程的节律。

过程的长度。语文教育过程的长度不是物理方面的时空量，而是一种心理的时空。长度的标志是完成一个从物质存在到精神存在的转化以及主体间感受的沟通。要经过对实际存在物的接触，感受到理解和表达，从实际经验情境地感受到超越实际经验情境的探究和反思。这是一个人的精神不断壮大的历程。在具体的语文学习活动中，常常表现为从材料到观点再到表达出来的一个完整的过程，这个过程是语文教育的最基本的单位。无数的基本单位联结成为一个人精神生命的成长史。过程长度的压缩和删减是对主体精神的压抑和扭曲。

过程的环节。环节有两个层面上的意义：从历时的层面上说，语文教育要经过浪漫想象、精确分析和综合运用三个环节。儿童时期主要是对实际存在物的浪漫想象，指的是事物未以清晰的结构呈现，而以混沌的面目出现在学生面前，学习是通过想象等浪漫的方式进行的。少年时期是对实际存在物的精确分析，即对浪漫阶段已经存在于头脑中的活跃而混乱的思想进行有序排列的阶段，同时，它需要不断地补充新的知识，以促进对原有知识的认识，对浪漫阶段的一般内容做出揭示和分析。所谓精确分析是相对于浪漫想象而言的，如果跟数量上的精确分析相比较，语文教育中的"精确分析"仍然是模糊的，这是因为它无法进行定量的分析。青年时期则应走向综合运用。再从共时的层面上看，语文教育必须经过感受、理解和运用这三个环节。无论历时层面还是共时层面，它们都绝不是各自独立、从一个环节跳到另一个环节的，而是交融和包含，它们之间是渐变式的关系。怀特海认为，每一堂课，每一门学科，甚至人的一生，都是由这三个阶段不断交错重叠着的，教育就应该是这样一种不断重复的循环周期。

过程的动力。主客体之间的融合为什么是可能的？这个过程的动力是什么？从表面上来看，是由于实际存在物的不同个性的相互作用，就像温度的传递和水的流动。更深层的原因则在主体：主体的欲望，认识事物的天性，但更重要的是在这个基础上以历史文化培育出来的主体精神，其核心的因素是理想和信仰。主体精神把分散的实际存在物统一于一个有机体内，并以自己的光照发现实际存在物的本性——从物质存在到精神存在的转化。

过程的中介。中介是一种实际存在向另一种实际存在转化的中介，具有联结和沟通的功能。中介普遍存在于无数的实际存在物之间，把世界联结成为一个系统或整体。失去中介的世界将是零碎的，甚至可以说，完全离开中介的实际存在物是没有意义的。语文教育过程的中介是语言，它把物质存在和精神存在联系在一起。与物理性的中介相比，语言中介具有二重性，它除了具有联结和沟通的作用以外，它本身还具有极大的潜能，它自身就是物质存在和精神存在相结合的产物。在物质存在和精神存在的联结中，它还发挥着促进、转化的重要作用，而物理性的中介是仅有传导而没有转化功能的。

语言是天地万物的言说，万物以语言的方式向主体敞开，而主体也是以语言的方式来感受万物的。语言是有生命的，语文教育过程的转化表现为语言的流动。语言的转化功能还有更进一步的意义，就是实现实体存在物和概念存在物的转换。从这个意义上讲，语言不仅是语文教育过程的中介，它还是语文教育过程的材料和动力。

虽然说是世界存在于语言中，人存在于语言中，但语文教育的终极境界还是要超越，要达到物质和精神、个体和世界、躯体和心灵的高度统一。

第二节　大学语文教育的生态系统

大学语文是一个结构庞大的生态系统，盲人摸象式的局部确认是对整体的歪曲，必然导致对大学语文教育生命的扼杀。大学语文教育的路径跟大学语文一样复杂，我们以生态学的观点来分析它，希望借此看清目标并找到一条清晰、切实的教育路径。如果能够在认清大学语文教育的结构组分、能量传递网络的基础上考察大学语文教育，那么，它的教育路径也许就会清晰地在我们面前延伸。

一、生态学的基本原理

生态学是一门"研究有机体或有机群体与其周围环境的关系的科学"。研究的对象分为个体、种群、群落和生态系统四个层次。在一个生态系统中，所有的生物组成多个生物群，各种生物群之间通过能量流动和物质循环构成相互影响、相互制约的统一整体。自然界生态系统的组成包括非生物的物质和能量、生产者、消费者和分解者四个部分。各部分之间最本质的联系是通过营养来实现的。或者说，生物与环境、生物与生物间的密切联系是通过食物链的能量流动来实现。自然生态系统的能量流动是单向的并且逐级递减，因而往往呈现金字塔状。

自然界生态系统的基本规律是相互依存与相互制约、物质循环转化与再生、物质输入输出的动态平衡、相互适应与补偿的协同进化。在整个生态系统中没有所谓的单个独立存在物，它们完全是联系的和共生的。生态学的基本精神是综合、联系、平衡。

在生态学看来，"世界是由关系网络组成的有机整体，现实中的一切单位都是相互联系着的，所有单位或个体都是由关系构成的。在这个整体中，作为关系者的事物和事物间的关系都是真实地存在着的，任何一物的变化必然引起这些复杂关系网络的变化。这种相互包含的关系是一种内在的有机联系，而不是实体与实体之间机械的外在相互联系"。"生态智慧可以应用于教育研究，生态思维模式本身更贴近教育形态"。1976年，美国教育史家劳伦斯·克雷明运用生态学原理与方法研究教育现象，把教育与生态环境联系起来。这标志着生态学已从纯粹的生物学研究踏上了与人文学科融会贯通的新道路。但这时多是宏观的教育生态研究，主要是从整体上探究教育与社会、文化的互动。近年来，有人把生态学原理运用于教学，认为"从生态学的角度研究教学问题是一个新的视角。目前有关生态学的研究立场、视角、原理、方法，也同样适用于教学问题的研究"。

二、大学语文教育生态结构的特征

第一，大学语文生态组分的生殖性。

在自然界，一个种群要达到一定的数量才能保证该物种的稳定生存，不少物种因为数量的减少而消亡或趋于消亡。所谓生态危机正是由此而产生。大学语文教育系统的构成因素是无限的。也许有人认为汉字的数量是有限的，但一个汉字有多种含义，每一种含义又随着人们生活的变化，通过比喻、引申等方式快速生长；汉字的构词能力极强，每个词在无数具体的语境中繁衍的意象能够包罗万象。语文的外延与生活的外延相等，世界上一切已经存在和可能存在的，凡是人可以意识到的，都可以作为而且也必定会成为语文的构成因素。

大学语文教育研究最为困难的大约就是它的构成因素实在太过于庞杂，以至于有种置身于无边的海洋而无力泅渡的沉溺感。如果从生态学的观点来考察大学语文教育系统，它的组分结构和功能结构就会逐渐清晰起来。大学语文不可穷尽的构成因素可以归属于四个大的群落，或者说，大学语文生态系统有四种组分：文字、文化、存在、生命。

汉字以简单的笔画描绘出了事物的特征，是作为主体的人对事物细致观察和准确把握的写照，是一种充满诗性的认知活动的结晶，里面储存着丰富的生命热量。在源远流长的汉文化的背景下，每一个汉字都布满了历史的脚印，充盈着真实生命的鲜活的呼吸。文字是人类最重要的交际工具。"交际"是主体和客体之间、主体与主体之间的对话和交流。客体一旦进入主体的视野，它就不再是纯客观的了，特别是在人文领域，客体往往反映出主体的本质力量的光辉；而主体是文化孕育出来的精神的载体，主体之间的交际无不显示出人的本质力量的对话性。"交际"在本质上是一种深刻的生成性的文化活动。汉字是文化的载体，又孕育着文化精神。

语文教育意义上的存在泛指各种事物或现象。从类别上可分为自然界的一切景物和人类社会的人物和事件、组织和思潮、文化和文明。存在在语文系统中绝不是纯粹物质的，它更是心理的和经验的，文字中的存在是前人体验过的世界，感受了的世界。阅读文字必须再跟自己的经验世界联系起来，合而为一个精神世界。一切存在物都是语文的来源、对象和动力；在心灵力量的作用下，一切存在都转化为高贵的生命精神，最终达到"天地万物以为心"的境界。

因此，大学语文各生态组分不仅互相依存、互相映射，而且互相激发和催生，共同构成一个辽阔、蓬勃的心灵牧场，由此孕育和发展人的主体精神。

第二，大学语文生态结构的环流性。

自然生态结构呈现金字塔的形状。处于金字塔底部的是能够吸收太阳能并制造营养物质的绿色植物，站在塔尖上的动物通常是肉食性的大型猛兽，还有我们人类。在这种生态结构中，一个生物群落的生存是以蚕食另一个生物群落为基础的，即使相同相近的物种也常因利用同一资源而厮杀。"大鱼吃小鱼，小鱼吃虾米，虾米吃浮游生物，浮游生物吃绿藻"以及"一山不能居二虎"，就形象地揭示出自然界生态结构的层级性及其吃与被吃的生存原则。

大学语文中的文字、文化、存在、生命四种组分不是金字塔的结构，而是互相交叉渗透、呈双向奔流的环状分布的四个生态圈。它们之间的关系完全不是自然生态中吃与被吃的关系，恰恰相反，它们之间是互利共生的孕育关系。

语言就是我们存在的世界。语言的存在方式首要的是对在场和现实的记忆和描述，它带着生命的体温和灵魂的印痕，保持了一个民族对生活当中最核心、最本质部分的体验。是语言诱导我们深入生活、体验生活的切肤之痛，使我们不再做一个俯视者和旁观者,而是真正融入其中,让世界的风景扑入我们的眼帘,让生活中的激流在我们的血管里奔涌呼啸。人正是通过语言才跟生存的世界建立起了深刻而又广泛的联系。文化是一种精神力量,是一种价值取向,是人类不屈不挠走向文明的悲壮过程以及在这个过程中产生的辉煌成果,是文化使我们的精神站立起来。我们对文字的阅读和理解总是在主体精神的策动下向文化的底蕴挺进,寻找、感受和吸纳文字所建立的形象背后的文化精神。真正意义上的言说,是具有主体性的人跟世界的对话。而且,人的精神是在这种对话中成长的,语文能力也是在这种对话中形成和发展起来的。

跟自然界所有生态系统一样,大学语文生态系统中的每一个组分都必须吸取能量才能维持自身,同时,它也要生产能量,传递给别的组分。各组分通过能量不断传递,共同发挥结构系统整体功能。

第三,大学语文生态系统能量传递的可逆性。

在自然生态系统中,生物组分之间的能量传递关系错综复杂,但能量传递的基本形式是一种生物以另一种生物为食,从而形成一个以食物连接起来的能量传递的连锁关系。它们通过一系列的吃与被吃的关系把彼此紧密地联系起来。生物间的能量传递意味着食物链中一种生物的消失,就是说,这种能量的传递是单向的、不可逆的。

而大学语文组分的能量传递是可逆的、双向的,能量传递绝不是以一个"种群"的消失为代价,不是像自然生态一样组分能量传递的一级级减少。相反,在每一级能量传递的过程中,能量还可以再生,就是说,大学语文组分能量的传递具有生成性。比如,文字在一代代人的运用中积淀出丰厚的文化含义,这使得字义变得丰富,字的能量因此成倍扩大。每一个人使用字词的时候,又总是表达自己的思想认识,赋予字词鲜明的个体色彩。人在使用语言的过程中接受文化的洗礼,养育文化精神,而富有崇高文化精神的人又赋予语言以生命的光彩。一个人言语的内容和方式在本质上是他生命的现实，精神的高度决定着言语的高度。语文活动实质上是一种深刻的生命活动。学生了解他们生存的这个世界，认识自然和社会，洞察历史和现实，理解个体生命在世界中的真实存在及其意义；用高贵的心灵之光去反观、照射这个世界上一切现存的事物，以自己丰富、强健的想象力实行对现实的超越。

大学语文组分的重要特性是生产者、消费者和分解者的合一，它们同时具有三种功能。这并不是说每一个组分自身是生产者、消费者和分解者封闭的内循环，恰恰相反，它们都是开放的、耗散的。它们不是生物体内物理能或化学能的传递，而是认知的智慧和情感的因素以及价值的判断。人的生命是在跟世界建立起来的关系中显示其自身价值的。从哲学上来说，主体与客体并不是彼此孤立的存在，也不是单向的联系，而是一种积极深刻的交流和融合。一种进取的生命总是不断地从世界万物中获得启示，而世界万物也因为人的精神的映照而显示出生机。这是一个循环往复、不断深化的过程。在这个过程中，语言起到一种联结和推进作用。人是在语言中与存在"相遇"的。海德格尔认为，语言的本质是去蔽，是一种澄明的到来，是人诗意地栖息在大地上的精神家园。"语言艺术并不是对一个现成的给予的实在作单纯复写，它是导向对事物和人类生活得出客观见解的途径之一。"

第四，大学语文生态系统能量传递的主体性。

自然界的生态秩序是在多种群落相互作用的关系中自发地实现的，而语文生态中各单独个体的行为秩序是由系统中枢发布命令决定的。具体地说，文字、文化、存在等组分功能发挥的程度受主体生命的制约。处于生命核心地位的价值理想既是一种主导性的动力，也是语文生态系统运动的目的。

大学语文生态系统虽然外在地表现为某种技术成分，但它实质上属于观念形态。如果从微观角度看，会发现它的内在结构如人的神经结构一样细密，功能极为复杂，各个结构要素的功能都不是孤立地进行的，而是在人的生命价值指令的直接或间接控制下，互相联系、相互影响、密切配合，使语文素养成为一个完整统一的有机体，实现和发挥语文的文化交际功能。人的主体精神及其认知规律决定着语文生态运行的秩序和方向。从接受的角度看，语文信息接收的基础是学生个体的体验。一切精神、价值以及概念、观点的接受、衍生，都要在这个基础上才能实现。语文各组分能量的传递必须有适合大学生感官需要的鲜明特点和刺激态势，使信息到达后便于接受和理解，从而成为他认知结构中的一部分。

语文生态系统之间遵守的是情感逻辑和价值逻辑，言语行为是由系统的生命感情和价值系统指挥的。在文字、文化、存在、生命四个生态圈中，起主导作用的是人的生命。言语流并不是如水波、光波一样的纯物理性的东西，而是感情价值以及理想的流动。当我们面对一群人物、一些事件的时候，只有理想的光辉洒在它的身上，才能对它产生一种生动的感知，才能评判它的价值，才能对它发生某种心理的触动，那么思维飞扬起来，语言才可能飞扬起来。理想不仅重新赋予字词以个性化的生命，而且还决定着字词"排列"的秩序和方向。运用语言的能力在本质上是一种心灵的力量，言语行为只是把外部世界跟思想结合在一起。

语文生态的主体性还表现为要不断主动地打破系统结构的平衡。这与自然生态依靠被动的自我调节来实现能量供求平衡有很大的不同。语文教育生态系统追求的不是系统的平衡或稳定，各组分之间不要平衡或稳定而是要不断打破、远离平衡态。特别要指出的是，调节系统各组分关系和数量比的主导力量是人的理想精神，作为主体的人能够自觉地确定生命和言语的关系、生命和世界的关系，从而积极、主动地选择优秀的文化丰富自己的语言，建构自己的生命，实现对存在深刻的表达。

第三节　大学语文教育的五步教学法

大学语文教育是认识过程、心理过程、社会化过程的运动系统。它除具有生态系统一般的整体性等结构特征外，还具有自身生态结构的独特性。大学语文教育应当根据其生态结构的内在特征，充分发挥文字、文化、存在、生命四个生态圈的结构功能，采用"五步教学法"。每个教师可以依据自身的条件和能力，针对不同的教学内容，自主创造适合于自己实际情况的教学方法，但基本的程序应是遵循其内在结构的回环和上升。

大学语文教育要从文字开始，在文字教学的过程中，用文化知识拓展生命的领域，用文化精神建设生命的主体性。从文字开始再回到文字，这不是处于一个平面上的封闭的圆圈，而是呈现出螺旋式上升的态势。开始的文字是已经存在的别人的文字，而后头的文字则是满含着自己的思想和感情的文字。把文字、文化、生命、存在和文字连接在一起的是听、说、读、写的语文活动。这四种语文活动之间的紧密相连也构成一个循环不息的圆圈。这样，语文教育的路径可以简化为两个交叉渗透、循环往复的圆，圆的中心是一个渐渐成长起来的"人"。

文字——语文教育开始的文字是我们要阅读和理解的文字。在阅读过程中，我们要把一串串的文字转换成鲜明的人生场景，再把人生场景转换成自己的人生经历。阅读理解文字首先要把文字一起交给五官，让它们感受文字的体温，让它们对文字所代表的事物的各种属性形成清晰的感觉。在这个基础上把自己的生活经验联系到语言文字上去，唯有感觉到的才能更好地进行理解。不论是建立起完整的意象，还是体味意象背后的意味，都离不开主体的深度参与和对话式的交流。阅读作为一种过程性的精神事件要求读者亲身参与其中，亲身参与是指读者精神的"在场"状态。个体的生命体验能够使艺术形象具有活力，同时，又借此实现对艺术形象的富有诗意的超越，实现向文本形而上的精神境界的推进。

文化——由文字的阅读进入到文化的理解，实现生命与文化的精神沟通。对文字的阅读和理解要向文化的底蕴挺进，寻找、感受和吸纳文字所建立的形象背后的文化精神。人类精神的根深深地植入厚重的文化传统，是文化让我们的精神站立起来。大学语文教育应当抵达我国传统文化的心源，只有到达这种境界，才能很好地理解人生和社会。对文化的理解最终要达到情与理、自我与社会、个体感受与历史文化的统一，从而促进人性的和谐发展，使我们的理想充满生活的实在！把个人与世界、小我与大我、瞬间与永恒都融合到"天行健，君子自强不息"的生命体验之中，实现与万化冥合，达到精神的凝聚、贯注和迸发。如此，一种力量磅礴，气象豪迈，韵律充盈的生命就可以独立于天地之间了。语文教育有赖于这种生命之光的透视和烛照，才能够灵动、强健，充满活力！

生命——用言语的力量激励生命，在言语创造中更新生命。语文学习就是通过语言来认识世界和自我，在言语创造中更新生命。语文通常采用言语的艺术手段使日常生活陌生化，以此来激活人的感觉。一个人只有感觉敏锐并且积极参与和体验生活，他才能形成自己具有人类良知的思想，他才能成为直面人生苦难体验着深渊并敢于进入深渊冒险的人。"它在现代人情感萎缩中唤醒人对存在状况的思考，投一束光亮照彻幽昧的暗夜，重新寻找生命的真正意义所在。"我们语文教育的最高价值正在于此。

存在——让我们的生命走进存在，进而在荒诞的存在中开辟一条有意义的路。存在主义认为存在是荒诞的，正因为如此，我们才有必要用自己的个性和自由去换属于自己的意义。以文载道，以文问道，通过不停地拷问、疑问和质问，警醒人们思考自己的存在，提醒人们追问存在的意义。每一个时代都有自己所面临的生存难题，或者民族的生死存亡，或者阶级的厮杀搏斗，或者天灾人祸，或者贫困堕落，这些都需要富有热血和正义的人担当起来。给这些沉重的问题一个清楚的答案也是语文义不容辞的责任。装模作样地视而不见会导致语文的萎缩直至灵魂的丧失。在任何时代，语文都不应该是一个冷血的看客或者吊儿郎当的闲人。在人们泅渡的时候，语文应当用文字赶紧建造救命的方舟。

文字——用文字歌唱自己的生命，用文字表达自己的思想。大学语文教育最重要的环节是在经历了文字、文化、生命、存在几个阶段之后再回到文字。大学语文教育过程中的语言表达一般有两类：一类是基于人间道义的言说和自我确证，另一类是基于学科问题和职业角色的认知表达。前一类写作就是在文字中往前摸索，直至走到人类历史和社会现实的交汇点，并最终抵达宇宙存在的幽微之处。把他自己的生命、语言的生命和我们生存的这个世界融为一体。人生存的困境，历史惨象的隐秘，一代人的精神结构，像峻峰深谷在言说中逐渐清晰地展现在我们面前。一个人最终是要走向社会从事一份职业的，他要依赖于生存和发展，以此建立和世界的联系并确立自己的价值。他从业的技能是在大学开始形成的。每一种职业，每一种领域，都有一套自己的语言系统和言语规范，各种专业能力中都包含语言表达能力。大学语文教育的意义之一就在于，在言语表达的过程中养成专业技能，或者专业问题的语言表达本身就是一种专业技能。

在一个生生不息的生态系统中，各组分是依存、循环的关系，一种组分是吸取其他组分的营养而维持和发展生命力的。文字、文化、存在、生命在一个人的身上是综合的、交融的，语文整体的功能必得它们齐心协力才能完成。所以，我们在语文教育中要统筹兼顾，不能只顾语言的训练而忽略了生命中感情和价值的向度和力度，忽略了生命的感受和体验，反之，脱离了语言训练的精神的凌空蹈虚和灵魂的浮云梦蝶也是不可行的。文字是船，文化是水，存在的世界是孕育力极其强大的母体，其他都是由这母体孕育而生，语文能力不可脱离了这个母体而破空裂石地生殖。

第四章　大学语文课堂教学

第一节　大学语文课堂教学的特征

语文教学最根本的特征是它精神上的理想性和方式上的体验性。

早在古希腊时期，亚里士多德在论述人的心灵状态时就指出：心灵"是关于有可能成为现实东西的某种实现和领会"。当代心理学的研究则进一步证明，人之应然状态可能"对于拥有心理的人来讲，其特征恰恰是探索。探索之中包含着内在矛盾……去探索尚不存在、但毕竟还是可能的和对于主体只不过是目标而暂且尚未现实的东西……这就是任何一个有感觉，能思维的存在之物。探索的离奇之处就在它自身就兼含可能之物与现实之物"。以我为对象的意识是人所独具的。这种意识能将自我区分为作为主体的自我和作为客体的自我，且能够不断按"主体我"的要求——从应然状态去改写、发展实然存在的"客体我"。当代人类学的研究表明，人是一种非特定化、未完成的存在物，从而它也从某一侧面表明了这种人性的两重性。哲学人类学家米切尔·兰德曼说："人的非特定化是一种不完善，可以说，自然把尚未完善的人放在世界之中，它没有对人做出最后的限定，在一定程度上给他留下了未确定性。"正是这种非特定化和不确定性，使得人不停留于已经成为的样子，而是在自觉自为的活动中按照自己的要求去寻找适合自己的存在方式，追求新的规定性，不断地创造自己。人的应然性存在说明人内在的具有自我发展的动因,表现为他对当下自我发展状况的不满与否定,对更高水平、更完善发展状态的企望与追求。这种发展动因可以在很大程度上预示人的发展的可能性。正如苏霍姆林斯基所说:"人的心灵深处总有一种把自己当作发现者、研究者、探索者的固有需要。"

因此,语文教学积极倡导的探究式教学具有深厚的人性根源,它是人类精神追求的理想方式,运用这样的方式必然使语文教学充满生命的活力。语文的内容特别是那些优秀的文学作品,既是对人类生存的描述和回忆,更是对未来理想生活的展望。理想性是语文课的根基,对人类生活充满诗意的热情的想象是语文课的灵魂和永不衰竭的动力。

大学语文教学是一种具有情感体验、展现生命活力的感性化汉语教学。它不应该简单地诉诸概念的解释、句法的疏通、情节的分析、要点的归纳、主题的概括等。它应该是一个完整、健全的生命体,既时时闪耀着理性的独白,也处处洋溢着感性的挥洒;它当然需要适时的、理性的启发与诱导,但是,它更需要春风化雨般的、感性的点燃与熏陶。我们的汉语教学,是应该以人的感性生命作为出发点和最终归宿的!因为语言本身就是人类心灵的歌唱,而汉语则是中华民族五千年以来的生命呐喊。一个汉字、一句汉语、一首诗歌、一篇散文、一部小说……它们凝聚了多少我们民族的悲与喜的情感,承载了多少我们民族欢乐与哀伤的记忆!这些又岂是几个冷冰冰的概念术语所能概括的?又岂是某些硬生生的理论方法所能分析透的?

每一个汉字、每一句汉语,都非常生动地指向生活本身、指向事件本身、指向人物本身,而这些人物、事件、情节又都是由一个个生动丰富的、充满感性的"象"所组成的。这也就意味着,我们的汉语课堂教学不能简单地进行概念的解释、逻辑的判断,而必须回到"象"中来,回到汉语言文字生命的活水源头!由"言"回到"象",目的在于探求与"言"相对的"意"。而这个"意"应该包含三个维度,或者说三层意思。其一是指"意象",即汉语言文字所呈现出来的融入了作者情意的画面；其二是指"意境"，是由意象叠加和连续呈现而形成的一种特定的情绪氛围，或称"情境"；其三则是指"意蕴"，即作者通过"意象"和"意境"最终所要言说的意义，它是一种弦外之音，言外之意。只有"意的三重性"才能构成一个完整的、丰富的、独特的汉语言文字之"意"，也只有实现这三重之"意"的探求，才是真正感性的汉语教学！

富有灵性的语文教学应当首先回归感性，唤醒我们心中原本那个活泼、有着丰富想象与敏锐感受的心灵，徜徉在语言的大路上，穿行于汉语的字里行间，去倾听来自汉语自身的心灵歌唱，我们会惊讶地发现，与我们最终相遇的，不仅仅是那一个个跳动的语言文字，更是一种鲜活丰富的生命情思，深沉悠远的文化精神。与汉语的每一次面对，就是与一个个高贵灵魂的促膝而谈，就是一次次自我心灵的洗刷与涤荡，就是一次次人生智慧的提升与激扬。教师引导学生把自己的一颗心沉潜于汉语的字里行间，去感受每一个汉字的内在情感与文化意蕴，从而去提升自我生命活力与潜能的一个完整的教学过程。

回归感性应建立在"文本细读"的体验的基础上，诵文以求其气、立象以见其意、循情而探其本。

诵读能够帮助我们感受到隐藏在语言文字中间的声气、节奏和神韵，而这些又都是作者生命情思与精神能量的外化，所以，诵读从根本上来说，是为了实现读者与作者之间生命能量的转化、生命精神的传承！在汉语教学中，最好的方式便是让汉语凭着自己的言语存在去说话，让学生在汉语的字里行间去穿行，去倾听汉语文本自己的心灵歌唱，裹挟着自己的生命体验，去直觉地、形象地、深情地感受每一个汉字的生命气息，从而实现你我交融一体的诗意对话，最终开掘出语言文字背后的价值取向、精神母题和文化传承，这就是"循情而探其本"，"本"就是一种深厚久远的文化，就是一个民族精神的血脉。汉语文教学会因为文化的延伸而走向深刻，变得厚重。

孟浩然《早寒江上有怀》有："木落雁南渡"，"木落"传达出自古以来就有的"悲秋"情绪。从屈原到宋玉、到汉武帝，一直到与孟浩然同时代的陈子昂，他们面对北风劲吹，黄叶飘零，都曾经发出过深沉的人生悲慨。"袅袅兮秋风，洞庭波兮木叶下。""悲哉！秋之为气也，萧瑟兮草木摇落而变衰。""秋风起兮白云飞，草木黄落兮雁南归。""雁"的意蕴则可以追溯到《苏武传》中"鸿雁传书"，后来魏文帝曹丕也写过"群燕辞归雁南翔，念君客游思断肠"凄婉的诗句。天上的雁可以自由自在地飞来飞去，而客居他乡的人却不能像鸿雁那样想回家便可以回家，所以这里又多了一重对故园的渴盼与向往。"木落雁南渡"，就这么简单的五个字，虽然在语词的表层没有一个字言情，可在景物中却深隐着如此久远的文化，于是，当我们涵泳于其字里行间，便自然而然感受到一种深沉的文化力量扑面而来。

第二节　大学语文课堂教学的原则

语文课堂教学的原则既要符合一般的教学规律，又要体现出语文课堂的特殊性。语文课堂的特殊性取决于语文学科的特殊性和课堂认知活动的特殊性。语文学科的特殊性表现在语言的工具性和言语的人文性。课堂认知活动的特殊性在于认知对象的既定性和认知过程的可控性，而且教师的教学设计制约着认识活动的方向并影响它的质量。

一、大力弘扬人文精神的原则

现代社会要求公民具备良好的人文素养，具备创新精神。语文是最重要的交际工具，是人类文化的重要的组成部分。所以语文课应当而且能够承担起这项任务。

马克思说："语言是思想的直接现实。""语言"和"思想"是不可分离的实体。语文的"工具"是指思维的工具，交流思想感情的工具，语文工具的运用是生命中最具人的特性的部分。语文和思想的关系如同舞蹈演员的形体与舞蹈艺术的关系。从语文的运用上来看，阅读不仅仅是解词识字，其核心是通过语言来理解作品的内容，体验作者的感情，了解作者的思想，以提高我们的认识水平。作文也决不就是做个文字搬运工，而是运用语言把我们的思想感情表达出来，作文的过程是一个富有条理而且深刻有致的认识过程。听和说也一样，是借助有声语言来传递信息。再从语文教材来看，教材主要是由文质兼美的范文组成的。它们并不仅仅是一般的符号，而是蕴藏着巨大的信息量。从个体来说，它们是作者认知的记录和思想的成果；从整体上说，它们是文化，是民族文化无所不包、无所不至的体现。这种文化既是我们成长的沃土，也是我们要传承的血脉。

人文精神是一个流动开放的价值系统。在我国古代，它表现为一种道德理想主义，人们崇尚的是伦理层面的自我完善，追求中和仁爱的心理状态。西方近代推崇以科学和理性为核心的人文精神，这种精神极大地加速了人类物质文明的进程。

语文课堂上的人文精神，表现为自由的求真精神，自觉的发展意识和超越的价值意志。一个人应该具有独立自由的人格和求真的渴望，这既是生命的价值基础，也是社会进步的动力。自觉的发展意识是个人觉醒的标志，这意味着一种切实的负责和承担，生命会因此而厚重。超越是在积极入世基础上的超越，没有入世，也就无所谓超越。入世就要自始至终热情地关注现实的人的生存状况。超越表现为对个人和社会理想状态的永恒追求，这种追求应内化为一种价值意志。"人文"还意味着一种特殊的认识方法，人文方法不同于自然科学的实证方法，是一种以主体的体验、理解为认识自然、社会和人生的方法。而"人文"的方法正是语文学习的重要方法。

语文课堂上的人文精神不是抽象的，它是具体的，往往在一个人和一件事上表现出来。所以，我们既要充分发掘课堂学习材料中所蕴含的人文精神，又要用主体的人文精神来观照学习材料的人文价值。这要求我们既要精心选择学习的材料，同时教师也要具有较高的人文素养。

如此，语文课堂应该是文与思，情与理的统一。从词句的解读入手，循文求义，因文明理。这火光会照彻学生的心灵，给生长着的人性指明方向。所以，在语文课堂上，我们不能满足于抽象的逻辑推理，不能停留于文字的解读，还应该引来汨罗江的涛声，还应该让学生感受到孔乙己心底的无奈和悲凉，还应该和学生一起倾听人类艰难前进的脚步声。真正把语文课上成人文课，上成文化课。人文精神既是语文学习的目的，也是语文学习的动力。

弘扬人文精神，在教法上要重视通过阅读课文来引导学生进行自我评价，以提高其个人从课文激发思维能力的过程。思维发展的起点在于必须依靠每个人自己的努力，发挥自己的才智。教师的任务就是促使形成良好的相互作用，或更确切地说，是引导具体阅读者对具体作品产生交流。

二、努力提高学生认识水平的原则

从静态来说，语文无非是人们认识自然、认识社会和人生的成果；从动态来说，语文就是这些认识的具体过程。从根本上决定语文水平高低的是人的认识水平。提高学生的认识能力和认识水平，是语文教学的重要目标。

"不论哪种语文，对它的完整和细微的知识是很不必要的，如果有人要去达到这种目的，那是荒谬和无用的。""语文的学习，尤其是在青年时代，应当和事物的学习联系起来，使我们对客观世界的认识和对语文的认识，得以同步前进。因为我们是在变成人，不是变成鹦鹉。"因此，努力提高学生的认识水平，既是培养人的需要，也是提高语文表达能力的需要。这是由语文的性质和功能决定的。

夸美纽斯为语文学习制定的规则是：学生应当受到训练，用文字去表达他所看到的一切事物，应当教他懂得他所使用的一切文字的意义。谁也不许谈论他所不懂的任何事物，也不可在领悟任何事物的时候不能同时用文字去表达他的知识。因为凡是不能表达自己的心思的人就像一座雕像，凡是一味多嘴，而并不懂得自己所说的人就像一只鹦鹉。但我们要训练的是"人"，要训练得越快越好，这个目的唯有语文教导和事实教导同时并进时才能达到。他还说："悟性应该先在事物方面得到教导，然后再教它用语文去把它们表达出来。""学生首先应当学会理解事物，然后再去记忆它们，在这两点经过训练之前，不可强调言语与笔墨的运用。"他甚至主张"我们应该把那些专教文字，不能同时使人知道有用的事物的书籍，全部从学校排除出去"。只要我们想想语言是从哪里来的，语言栖身于何处，语言又最终要到哪里去，我们就不难理解学习语文的正确道路在哪里了。语言来自人们对事物的认识，语言存在于文学、历史、地理、政治、经济等学科中，语言活在人们现实世界的生活中。正如我们不能指望玉米在犁耙上抽穗，小麦在锄头上扬花一样，如以"纯粹的语言"去学习语言，那实在是捕风捉影的虚妄和缘木求鱼的愚蠢。

一个人的认识水平是指对事物的分析判断，透过现象抓住本质的思维程度，它包括认识的能力和认识的结果。认识水平包括知、思、情三个要素。知即知识，是对事物存在状态了解的程度，是构成认识的基础。思即思考，是运用知识分析判断得出结论的能力，这是认识水平的核心。情即对认识对象的专注力，通常称为意志，这是认识的动力。要提高认识水平，就要不断学习新知识，扩大和深化认知的领域，在这个过程中进行良好的思维训练。思维能力是一个人智力的主要标志。思维的方式主要有寻找因果联系的纵向思维，又有通过对比抓住事物特征的横向思维，还有全面分析、由表及里的辩证思维。

对课堂语文教学来说，认识水平表现在三个方面：一是识字、解词、求意的能力，二是对作者已经认识的对象感受、批判、再认识的能力，以及对作者思维特征领悟、认同和鉴赏的能力。三是对自然、社会和人生的观察和思考的能力。正所谓"世事洞明皆学问，人情练达即文章"。认识水平提高了，人才能是明白人，明白人做事才能不糊涂，不肤浅。

读万卷书，行万里路，是提高认识水平最好的方法，也就是要广见闻，多思考，勤实践。就语文课堂的教学来说，提高认识水平主要是多读，多思，多问。

多读，一是要读得多，二是要读得熟。读书广博，可以扩大眼界，增长见闻，积累间接实践的经验，所谓积学以储宝。读得熟才可领悟个中滋味，解透书中真义。"书读千遍，其义自见，谓读得熟，则不待解说，自晓其义也。"多读可以强记忆，开悟性，知情理。所以应要求学生熟读背诵一些优秀诗文。

多思。读书的目的在于心有所得，行有所用。孔子说："学而不思则罔，思而不学则殆。"食而不化是无用的表现。朱熹说："大抵观书先须熟读，使其言皆若出于吾之口。继而精思，使其意皆若出于吾之心，然后可以有得尔。"他提倡"读书要有三到，谓心到，眼到，口到。三到之中，心到最急。"心到就是思考，刨根问底，弄个明白。不仅要明白人家已经说了什么，还得明白自己想说些什么，自己想说的才是重要的。

多问。如果说解决问题是一种才干，那么发现问题则是一种智慧。应鼓励启发学生多问。发现问题是一个思维过程的起点，因而提出一个问题往往比解决一个问题还重要。学生在发现并提出高质量问题的同时，必然伴随着分析综合、比较归纳、演绎推理等一系列思维活动。语文课堂上，教师更应该善于发问，通过问来引导、推动学生的思维向纵深发展。

三、切实加强语言历练的原则

加强语言历练是由语文的实践性决定的。对非语言专业的大学生来说，学习语文并不是学习关于语言的抽象的理论，而要培养运用语言材料搜集信息表达自己认识活动的言语能力。这种能力，只有在运用语言的实践活动中才能形成。语文的历练已不仅是学习掌握语文工具的需要，还是在语文实践活动中锻炼心智的需要。

"学，觉悟也；习，鸟数飞也。"学习是一个循环往复，心灵不断觉悟的过程。语文学习要追求意义，而有价值的意义不是外界强加的，是由心灵里面生发的。语文学习要形成能力，而能力是学生在反复的言语实践活动中顿悟、积淀而成的言语智慧。"正是在不断的言语实践中，人和语言的关系逐渐转换，并由此产生控制言语，作言语主人的愿望。而主体意识的滋长，主体精神的健全，主体能力的提高，则使人的言语行为由'自在'向'自觉'发展，人的语文活动变为一种能动的活动。人因此完成了向'人'的跃升。"

语文历练，即语文实践活动，从广义上说是学习言语并将言语学习融入生活世界。具体到语文课堂来说，语文实践活动是借助语言材料的一种认识活动，一般表现为听、说、读、写四种形式。前面所说的弘扬人文精神和提高认识水平都要在语文历练中才能实现。

语文历练的主体是学生。读是学生的读，听、说是学生的听、说，写也是学生的写。历练是主体内部的心智活动。主体的感受、体验、领悟、共鸣、想象等一系列的心理活动是别人无法代替的。学生在言语活动中获得情绪的体验，这种情绪体验可以激发他们的思维，唤醒他们的主体意识。

语文历练是一种情境性的活动。"传统认为，语言是一个'语言的'语言学概念。它很少关心'适合性'这一概念，也不考虑语言行为对不同社会环境的反应方式。而现代语言教学的一个很大的优点是，它较多地从社会的角度来对待语言，并且重视语言在不同的社会环境中的交际功能问题。"交际都是在具体的情境中进行的。"言语发送活动，实际上就是作者和说话人不断地适应语境，生成言语的过程。言语接受活动，实际上就是读者和听话人依据言语成品，不断地还原语境，理解语境时的过程。因此，语境既是言语交际过程中主要矛盾的焦点，也是言语交际过程中主要矛盾最终获得解决的前提条件。"每一个具体的言语情境都包含着言语的对象、目的和动力三个要素。

语文课堂教学中教师应经常给学生提供言语的情境，促进言语活动的开展。其方法有三：一是接通生活的源头活水，把学生置身其中的有价值的生活问题作为言语的话题；二是给学生提供能吸引他们的材料；三是在教材中文章的错节冲突处设疑，以疑启思。

语文历练终究还要落实到字词上。通过对比、揣摩，领会文字运用的妙处。对词语的敏锐感觉是一个人语文水平的重要标志。可以对范文中重点语句反复品味，发掘其深厚意蕴；可以精心选择、锤炼词语来准确地表述自己的思想认识。我国历史上"一字传神""一字生辉"的例子很多。用字之妙，乃心思之巧；手法之高超，乃见识之脱俗。

四、积极打通对话渠道的原则

语文教学应重视学生主体性的构建。所谓主体性，就是具有自由的人格、强烈的自我意识和高度的创造力，就是人所能意识到的潜能被充分地发掘出来。马克思说："人的主体性，并不是自然生成的，而是在和他人的相互关系的作用下产生的，是通过认识他人、理解他人来发现自己的。"语言是一种实践的、既为别人存在并仅仅因此也为我自己存在的现实的意识，人是在积极的言语过程中完成自我确证的。

知识来源于主体与客体之间的相互作用，即主体作用于客体的活动。"思想即含义的诞生，并不是在某一意识内部，而是在两个意识的交汇点上。真知灼见不是在某一个头脑里飘忽而至，而是在两个头脑的接触中撞出火花，谁的大脑也不能独自分泌出思想和真理来。"这里的两个头脑既是两种思想观点，也指两种或多种质类相异的材料，把这些放在一个头脑中才会产生思想。

语文课堂的对话者包括教师、学生与文本。他们共同参与对话，通过各自的经验与内涵，展现自己的存在与价值，实现自我与他人的提升与超越。以对话对象为依据，可将对话分为三类：一是"人与文本的对话"，包括教师与文本的对话，学生与文本的对话。这是一种意义阐释性对话，是对文本的理解与阐释；它是教学中师生对话的前提之一。二是"师生对话"，包括学生与教师的对话，学生与学生的对话。这是一种实践性对话，是在人与文本对话和个体经验基础上进行的合作性、建设性的意义生成过程。三是自我对话。这是一种反思性对话，是个体对自身内在经验和外在世界的反思。在反思、咀嚼、回味中，个体认识世界、认识自我从而确认存在，生成意义。在本质上，一切对话都不指向对话本身，也不指向他人或外部世界，而指向对话者自身。

在教师和学生之间的对话中，教师起启发和引导的作用，提供产生思维成果的有关材料和方法。所以教师不能把现成的结论拱手送给学生。

学生和课文及教材编者的对话是课堂对话的主体。和课文的对话实际上是和课文作者的对话，"两个头脑在接触中撞击出火花"。和编者的对话往往是很隐蔽的，它表现为一种文化的选择。在这种对话中教师起着重要的作用。学生之间的对话起到一种激发的作用。和师生之间的对话相比，它的导向性功能比较弱，而反思性功能比较强。

多个对话者之间，多重对话之间相互碰撞，相互推动，相互补充，相互促进，不断进入新的精神境界。学生正是在这种对话中学习对话，学会对话。

课堂上学生的对话要以听、说、读、写四种形式进行。听主要是师生之间、同学之间的对话，说是学生和听者之间的对话，读是学生和文本及作者之间的对话，写是学生和特定对象之间的对话。在这些对话中，学生以生命的积累参与其中，语文活动成为心灵与心灵的交流，生命与生命对话。我们所期待的学生的主体性便由此逐渐确立。

要进行对话，首先要有吸引学生的话题。设计话题，提供言语情境，是非常重要的。对课文，教师要设法让学生明白它产生的条件，也就是让学生和作者置于同一话语情境之中，学生联系自己的生活积累，才能准确地感受、理解课文，对话才可以进行。要做到这一点并非是简单地介绍作者经历和时代背景，而是要揭示出言语情境和言语作品之间的深刻的因果关系。生命的参与是对话的必要条件，也是动力的源泉。话语来源于生活，来源于真实新鲜的材料，来源于心灵深处的颤动。对话要特别重视学生的感悟。学生思维的过程是语文教学的重要目标。意义只能由对话者在对话过程中生成。学生作为对话者，一切只有融入他的视野，意义才能真正生成。意义既不可能被灌输，也不可能被接受。教师头脑中的意义，课文中的意义，不可能移植、粘贴到学生的头脑中去，只有通过学生的体验、感悟等一系列的思维活动，意义才可能诞生。感悟是精神生命在对话中碰撞出来的火花，是学生全身心投入的结果，是与他的"自我"反复对话的结果。

对话还要求建立起平等的师生关系，营造民主和谐的课堂气氛。教师工作中"最重要的是要把我们的学生看作活生生的人。学习，并不是把知识从教师的头脑里移到学生的头脑里，而首先是教师跟学生之间的活生生的人的相互关系。"对话要求平等。平等是教师对学生精神生命的尊重和保护。我们知道，任何人都是有话可说的，任何人也都有倾诉的愿望，只要有了亲切的对象，有了一个宽松的环境，那么，他心中的所思所想会自然而然地流露出来。

五、潜心激发创造热情的原则

创造力是时代的当务之急，也是一个永恒的话题。一个民族或社会能否打开僵局，有赖于是否朝着创新的方向迈进。没有创造力的民族或社会将无法面对未来的冲击，亦不足以适应现代世界动荡的局势。教育存在的意义不仅仅在于知识的传授，更在于创造力的培养。"人们不断要求教育把所有人类意识的一切创造潜能都解放出来。"

创造能力的核心是思考能力。世界各国的语文教学都将培养学生的思考能力，尤其是创造性思维置于突出的位置。重视学生思维能力的培养，这正是全面提高人的素质的需要，而创造性思维能力更是一个现代人生存和发展所必需的。爱因斯坦说过："要是没有能独立思考和独立判断的有创造能力的个人，社会的发展就不可想象。"语文学科因其自身的特殊性对创造力的培养具有得天独厚的条件。

语文教学中主要是培养学生言语创造的能力，或者说是在言语实践活动中发展学生的思维能力。

创造或创造力是"无中生有"的"赋予存在"。这有两种情况，一是"特殊才能的创造，指科学家、发明家、作家、艺术家的创造，其创造成果对人类来说是前所未有的"。另一种是"自我实现的创造"，是指开发人的可能性、自我潜在能力意义上的创造，其创造结果对人类来说或对他人来说可能并不新，但对他自己来说却是前所未有的。学生的创造绝大多数是"自我实现的创造"，而语文学习中的创造往往是两种创造的结合，因为言语是独立的个性化的思维活动，一个人的感悟是不可能跟别人雷同。比如阅读，能进行生命深层的交流，其所思所想的对话结果就是个人的独创。任何有价值的阅读都是一种再创造。再如写作，"所有的写作都是创造性的，所有的写作都包含一种新的表达的'起源、发展、形成'的过程，即使你使用的是'旧'

思想和第二手材料，你也为它们创造着一种新的而且是唯一的表达方式。你产生一些完全新的、一些认真的、完全表达出你的性格和才能的东西"。除思考力以外，感情和意志力、知识和事实等，也是形成创造力的重要因素。

"教育既有培养创造精神的力量，也有压抑创造精神的力量。教育在这个范围内有它复杂的任务。这些任务有：保持一个人的首创精神和创造力量而不放弃把他放在真实生活中的需要；传递文化而不用现成的模式去压抑他；鼓励他发挥能力和个人的表达方式，而不助长他的个人主义；密切注意每一个人的独特性，而不忽视创造也是一种集体活动。"这些都是我们培养学生创造力时所应该遵守的。

在实施这项原则时，教师起着决定性的作用。一个思维活跃、创造能力强的教师，可以为学生作出表率，可以提供思考的材料和方法，可以营造一个良好的环境，从而点燃学生创造的热情，获得创造的成果。反之，如果教师头脑僵化，思维呆滞，唯书是从，那要想带出有创造力的学生是绝不可能的。

创造力源于生命的活力。在阅读中，把学生的思维和作者的思维对接、交流、碰撞，产生属于自己的认识成果，并把它表达出来。对阅读的材料要进行质的分类，通过对比、分析、综合和批判来锻炼思维能力。

第三节　大学语文课堂教学的艺术

一、语文教学方法的本质及多样性

在高校课堂上，教师将学术精神、创造思维、研究方法等融入教学过程之中，是"生产"和"推销"的合二而一，是前人的知识生成过程的高效率再现，是知识的发现者、知识的传授者和知识的接受者三者的"相遇"，是

85

学生的再创造，是师生智慧的呈现。高校课堂不仅是知识的交易所，还应该是知识的产房。它的目标是不仅包含培养学生的创造能力，还要有学生学习过程中的人格养成和精神升华。课堂教学是在教师与学生结成的情境真实的实践共同体内展开的。教师在教学的过程中组织、带动学生发现知识、解决问题，培养学生创造的能力和勇气。学生也不以接受现成的结论为目标，追求的是自主的发现和创造。在课堂教学的过程中，师生主体精神高扬，充分显示出人的创造的本质力量。

教师要结合不同专业特点，因专业制宜，调整大学语文教学的重点。如在旅游管理专业授课中，大学语文应注重游记文学、历史风物等相关内容的解读，加强口语表达能力训练，为学生从事导游等相关职业服务；在艺术设计专业授课中，教师应注重中华传统文化解读，加强学生审美能力培养，为学生从事设计类职业服务；在学前教育专业授课中，大学语文应注重文学作品的鉴赏教学，鼓励学生上台发言交流，甚至让学生自主讲解一篇文章，加强学生鉴赏能力和教学基本功的培养，为学生从事幼儿教育职业服务。

二、语文教育的艺术在于设计过程，寻找方法

过程和方法不仅是实现目标的途径，还直接决定着目标的质量。语文教育在本质上是学生自我建构的过程，语文教育的艺术就是调动起学生的能动性，推进建构的过程。这个过程要经由学生的感悟和想象、思考和表达。所以教师首先要提供感悟的对象，然后是刺激想象的起飞，再次是启发思考，最后是推动表达。学生感悟认知对象，想象、思考和表达对象，都有一个角度、方向和路线的问题，这就是方法要解决的问题，就是主体以什么样的姿态和客体以及其他主体建立起深刻而又广泛的联系。

知识只有在由具体的方法组成的过程中才能转化为信息和能力，信息和能力只有在运用的过程中才能形成智慧。情感、态度和价值观，是从主体内

部生长起来的,外部的输入只有经过主体的内化并跟主体的生命融为一体才有意义,内化也是在过程中发生和完成的。如果离开了这样的过程,所谓的知识,所谓的情感和价值,只不过是没有生命力的漂亮的碎片,是抓来别人的一张皮披在自己身上的一种伪饰。

语文教育方法的本质是思维的方式,思维的方式取决于事物发展的规律。所以,正确的方法是认识事物、实现目标的前提。夸美纽斯把它叫作"秩序",他说:"秩序是把一切事物教给一切人们的教学原则的主导原则。"那么,语文教育的秩序或者正确的方法是怎样的呢?夸美纽斯认为:要"先预备材料,再赋予它形状"。

语文教育要"从小心地选择材料开始"。选择的材料应当适合学生的心理特征。"学生不应当受到不适合他们的年龄、理解力与现状的材料的过分压迫,否则他们便会在和影子搏斗上耗掉他们的时间。"在语文教育中,有价值的材料是重要的。语言不会凭空产生,语文也不能无所依傍地凭空运转。为学生选择有趣、有用的合适的材料是语文教育的第一步。

材料的来源有两个:一是自己亲自去认识事物,二是阅读优秀的语文作品。一方面,认识事物对语文学习极其重要。语言的运用只不过是一种形式,离开了内容,形式将不复存在;而且学生在认识事物的过程中可以提高智力,变得聪慧、敏锐。事物不仅是指自然界的存在,还包括事件、各种社会现象以及人自身。另一方面,"一切语文都不要从文法去学习,要从合适的作家去学习"。"文法只能供给形式,即关于字的组成、次序和结合的法则"。学生是学习运用语言而不是研究语言,"完整细微的语文知识是很不必要的"。文法、规则是抽象、枯燥和消极的,学习语文,应多读优秀作家的作品,反复揣摩,学习运用。"通过实践,即使没有教诲,精通也是可能的。"优秀的作品就是运用语言的榜样,榜样的作用远远胜过教诲。而且作品中的认识、思想、感情都具有多方面的启迪和推动作用,它是鲜活的、富有生机的。

所以，识字应当和认识事物结合起来，"阅读写作的练习永远应当结合在一道，学生可以在他们学习的教材上面去运用他们的能力"，至于说话，"谁也不许谈论他所不懂的任何事物，他也不可在领悟事物的时候不能同时用文字去表达他的知识"。认识、理解和表达应该是一体化的。任何一个语文教育活动都要产生出一个结果来。语文教育具有广泛而深刻的综合性。

语文教育的过程是体验、理解和应用。存在是过程性的存在。如果没有过程，一切事物的存在都是不可思议的。语文教育尤其重视教育的过程。方法只有在过程中才能运用，语文教育的目标也只有在过程中才能实现，或者说，方法和目标都成了教育过程的重要因素。夸美纽斯对语文教育过程提出了不少主张，比较重要的是他对教育过程三阶段的描述，即体验、理解和运用。

体验就是以身体之，以心验之。体验是人获取知识、产生情感、形成思想的门户。对语文学科来说，"一切知识都是从感官的知觉开始的""任何知识都不应该根据书本去教，而应该指证给感官和心智，得到实际指征"，所以，语文教育必须调动起学生的全部感官，用眼睛观察，用耳朵倾听，这样，事物便和生命融为一体了。如果关闭了体验之门，文字、事物便成了与人心隔绝的东西，语文教育的通道也就被截断了。

体验是理解的前提，理解是体验的深化，是从感性走向理性的关键环节。理解包括三个要素：一是接触实际，明白真实的存在。二是把握事物的本质。三是寻找事物之间的联系。要获得对事物的真正理解，就要开启悟性，独立思考。语文教育不仅要鼓励、引导学生用他们自己的眼睛去看，用自己的耳朵去听，更要鼓励、引导学生用自己的脑筋去想，进而得出自己的结论。这样才能使自己成为一个不糊涂的人。了解了事物，弄清了事物的原委，形成了自己的真知灼见，那么，语文学习才具有了生命，拥有了魂灵。

运用可以帮助理解，运用可以培养技能，运用是一切教育的最终目的。运用就要把知识转化成自己所理解的东西。运用的动力是主体的思考力，运用总是要形成自己的意见。我们所应追求的不是虚幻的、捉摸不定的意见，而是关于事物的真正性质的知识，因此，我们切不可让别人的见解把我们引入歧途，切不可用别人的眼睛来取代自己的眼睛，用别人的头脑来取代自己的头脑。为了得到有用的知识，我们必须研究事物本身，发出我们自己的声音。

第四节 大学语文课堂教学评价

语文学科是所有学科中比较特殊的学科，大学语文课程又是这一学科比较特殊的一个阶段。大学语文课堂教学评价应充分考虑这一学科在这一阶段的特点，突出个性，制定出更加适合本课程特点的课堂评价标准。评价的根本标准是看课堂教学能不能提升学生的人文精神，发展学生的语文能力。

一、大学语文课堂教学评价的内容

大学语文教学评价的内容极为复杂，就像它的学科定位一样存在许多分歧，不同的语文教学理念看重的教学内容并不一致。但是，以下几个方面的内容获得了学界的一致同意：

教学思想。努力发挥学生主体作用，积极引导学生主动探究，重视学生的思想提升和能力培养，致力于全面提高学生的语文素养。

教学目标。目标具体、明确，能够面向全体学生，符合大学语文课程标准的要求，注重语文的应用与拓展。

教学内容。能够体现大学语文学科的本质，在言语历练中把语文的功能和学生的发展紧密结合起来。

教学过程。教学思路清晰，层次分明，注重语文的思考与领悟；课堂气氛活跃，体现学生的主体地位，教学组织灵活有效。

教学方法。注重引导学生体验和探索；因材施教，符合学生的认知规律和心理特点。

教师素质。语言生动形象，清晰典雅；思想犀利，富有激情，对言语有敏锐的感受与鉴赏能力。

二、大学语文课堂教学评价的标准

任何教学的评价标准只有一个，那就是学生的学习效果。教学的评价似乎不大讲究动机与效果的统一。这对教师来说是很苛刻的，然而现实从来就是这样残酷。学生是老师的镜子，社会对教师的评价不是看"真实"的你而是看镜子里的你。从学生学的过程及效果来衡量一个教师的教学水准往往是准确的。在语文学习中，通常从以下几个方面来评价学生的学习效果：

学生参与的程度高。积极自信，主动投入，善于倾听，乐于表达。

学习过程中的创造性强。善于思考，勇于质疑，掌握语文学习的方法，能够独立思考。

学生学习的效果明显。课堂读写兴趣浓厚，能够快速形成读写作品，语文能力得到提高。

三、大学语文课堂教学评价的主体

大学语文课堂评价的主体跟其他学科的评价主体一样具有多元化的特点，学校教学管理人员、语文教育专家、同行和学生，甚至社会上的成功人士，都可以做大学语文课堂教学的评价者，他们都能从自己的职业或者语文学科的角度对教学效果做出自己的评价。他们评价的侧重点和结论虽然会有很多差异，但对语文教学的管理和反思都会有促进作用。最全面最理想的评价主体应是这几类评价者的优化组合。只有"教、学、管"几方面共同参与的教学评价，才能使教师更深切地体验到教学中的成败得失，才能使他们自觉地进行自我调节，不断改进教学工作，实现课堂教学评价的最终目的。

四、大学语文课堂教学评价的基本原则

发展性原则。大学语文课堂评价的作用在于语文教学，而不是区分学生的优劣和简单地判断答案的对错。语文课堂评价要促进学生的发展，促进教师的发展。

学生中心原则。评价的主体和对象应是学生。所有评价活动的宗旨在于促进学生进一步学习，避免学生没有方向。

评导相结合的原则。课堂教学评价的目的是改进课堂教学，提高课堂教学效益。因此，评价要和指导相结合，把评价的结果上升到理论高度来认识，从评价对象的实际出发，提出改进意见和努力方向。评价要注意因人而异、因课而异。

性量相结合的原则。由于课堂教学质量牵涉的问题较多，且许多问题难以量化，因此，课堂教学评价一般以抓住评价的主要指标进行定性评价为主。但如果在评价过程中适当结合定量分析，则更有利于提高评价的准确性和说服力。

五、大学语文课堂教学评价的方法

对教师教学评价可以运用调查表或评价量表，并结合概括性问题，采用课堂观察同师生调查相结合的方法对课堂教学进行评价。

课堂观察法是课堂教学评价中最常用、最基本的方法。评价人员在上课前进入教室，在整个教学过程中，对教师的教和学生的学进行有重点的观察、记录，课后进行分析，提出指导意见，指出可供选择的改进措施等。

调查法包括教师访谈和学生座谈。在对教师访谈开始之前应把访谈提纲发给任课教师，并且向教师说明访谈的目的。提纲可以起到提示的作用，使

访谈紧扣主题；也可以让教师对访谈的主题有大致的了解，使教师有心理准备。问卷调查可以采用调查表和概括性问题相结合的方式进行，由教师本人、学生等根据他们对课堂教学过程和效果的主观印象来填写和回答。

六、大学语文课堂评价要注意的几个问题

鉴于大学语文课堂教学评价的复杂性，有必要再对一些问题进一步说明。

第一，评价态度的整体观。每一堂课都是由多种教学元素组成的运动过程，是一个不可分割也不能独立观察、测评的有机体。针对整个课堂元素，教学目标类似文章的中心，教学内容和教学过程类似文章的段落和层次，教学内容的安排和教学过程的推进是否围绕教学目标展开，类似文章的段落和层次是否围绕文章的中心展开。教学方法类似文章的表现手法，教学语言类似文章的语言表达，板书和多媒体的作用则类似文章的摘记和插图，是教学的辅助手段，始终不能喧宾夺主。评价者若能做到这种整体类比，就会在很短的时间内从整体上把握一堂课的优劣。

第二，评价内容的个性化。语文是一门具有综合性和实践性的文化课，它的两个核心要素是人文性和工具性，而且这两个要素是在言语活动中统一起来的。评价内容的个性化就是要紧紧抓住语文学科的这个根本特征，看大学语文课堂是否担负起学生精神成长指引者的重任，使得学生在大学语文课堂上实现了其精神成长的飞跃。

第三，评价指标的具体化。评价指标的具体化有利于对教师教学行为的督导，从而实现教学评价的价值而不是流于一种定性的工具。大学语文教学的内容广博，不同的内容性质不同，即使同是阅读教学，叙事文本和抒情文本的教学目标也并不相同，传授一种知识和训练一种方法的教学途径差异更大。讲诗歌就要有诗情画意，讲小说就要讲究情节的起伏。所以，大学语文课堂教学的评价不能简单化和笼统化。

第四，评价方式的动态化。对大学语文课堂评价应当是个动态的过程，不能以一堂课的表现论英雄。这是应有的负责的态度。动态化包括三个方面的内容：一是在不同的时段观察课堂教学，看教师教学水平的变化，全面考察教师的教学态度和教学水平；二是以不同的方式测评学生的学习效果，看学生语文学习兴趣和学习成绩的变化；三是对教师不同教学内容和采用不同教学方法的考察，看教师教法的长处与不足。

第五章　大学语文阅读教学

第一节　大学语文阅读教学的性质

一、语文阅读的智力价值

（一）阅读有利于提高学生记忆能力

人脑中对已有经验的保持及重现的过程便是记忆，影响人们记忆能力的因素较复杂，对于语言阅读学习来讲，学习强度和记忆技巧等都将对记忆能力产生影响。学习程度指的是在学习阶段正确反应能到达的程度，相关实验数据表明：100%的学习程度，对应的遗忘程度为35.2%；150%的学习程度，对应的遗忘程度为18%；当学习程度超出150%时，记忆效果将随之下降。从记忆内容角度出发，通常将记忆分为情境记忆、形象记忆、情绪记忆及动作记忆等。其中形象记忆和人们思维能力联系较紧密，形象思维较强的人，记忆能力通常较强，在知觉的促动作用下，使得人们生成形象记忆。知觉整体形式的生成与知觉者审美经验和知识经验等有密切联系，因此，可以说通过提高审美经验，丰富知识经验，有利于知觉形式的形成，进而起到引起形象记忆的促动作用。而阅读的主要价值便是积累审美经验，在进行语文阅读学习的过程中，实现知识经验的积累以及审美经验的提升，进而提高人们记忆能力，是语文阅读智力价值的主要体现。随着语文阅读实践的开展，人们知识经验不断积累，他们对客观事物的抽象性及整体性的把握能力随之增强，从而促使人的思维更加严密。在进行语文阅读教学时，应从学生记忆能力及思维能力这两方面着手进行培养，以便提高学生整体语文素养。

（二）阅读有助于开发人的潜能

语文阅读的学习还能起到开发人的潜能这一作用，智力的形成同时受到遗传因素和后天行为的影响，需要通过增加自身知识经验，来形成较高智力。而阅读便是改变人们智力的开始，阅读过程中有关的联想、思维等活动能提高人对知识的敏感度，并且在阅读时需要保持注意力集中，能进一步打开学生的心灵窗口，使得学生在阅读过程中达到耳聪目明的学习效果，并逐渐实现学生内在潜能的开发。读者在实际阅读过程中，需要通过识别文字符号来获取知识信息，用心感悟文本世界并结合主观意识，有利于审美体验的形成，读者可根据文本主体框架，建立联想触点来构筑联想视域，达到自身情感境界的升华。正是由于阅读的同时树立审美意识，并在原有阅读内容基础上进行延伸和建构，使得学生拥有较强的创造力。另外，长期进行文本阅读，有利于锻炼学生的思维力、想象力和联想力，对学生良好发展有促进作用。学生可根据自身需求选择感兴趣的读物，达到自身思维意识和阅读内容的融合，真正发挥语文阅读在挖掘学生潜能上的积极作用。

二、语文阅读的基本特点

（一）阅读教学目标取向

从语文学科综合性特点分析，阅读教学的目标是认识字、积累词、扩大知识面、了解人生世相、培养能力、开发智力、学会发展、陶冶情操、形成正确的价值观，最终培养良好的阅读习惯，在阅读中解放和发展自己。而在具体教学过程中，即在对大学语文阅读教学特点进行具体分析时，可从阅读教学目标指向加以讨论，可发现教学目标逐渐由注重知识的传授转变为重视学生阅读能力的培养。传统的语文教学活动更多看重为学生讲解教材内容，这种教学模式对提高学生阅读技能的意义不大。而随着语文教学改革的深入，语文阅读教学目标已经转变为重视学生语文素养及语文能力的培养，以便发挥语文阅读教学在促进学生全面发展上的积极作用。现阶段，语文阅读教学活动的开展主要以培养学生能力、传授基础知识以及发展智力等目标为主，追求语文知识内化为学生的语文能力，并注重训练方法的科学化与程序化。在素质教育充分落实到语文教学课堂的背景下，教师应及时转变教学观念，确保阅读教学在正确教学目标的引导下高效开展，进而促进学生语文能力的提升。可以说，教学目标向学生能力培养上的转变，是现阶段阅读教学特点的体现，需要在对这一特点有充分认识的基础上，合理设定教学内容及教学方案等。

（二）阅读教学内容取向

语文阅读教学的特点还体现在阅读教学内容逐渐由以课堂为中心转变为加强与社会生活之间的联系这一方面。传统的语文阅读教学通常是以课堂为核心展开的，教学活动开展重点在于提高阅读教学效率上，但是随着阅读教学改革进程的加快，语文阅读教学逐渐突破了原有阅读教学课堂的局限性，开始与实际生活联系起来。语文教学内容与生活有紧密联系，多数语文教学内容是学生在实际生活中得到的。因此，在学习语文知识时，应通过接触学校生活以及社会生活，来实现教学效果的提升。目前，加强语文教学和生活实际间的联系已经成为语文教学领域重点研究内容之一，并且阅读教学逐渐朝着生活化方向发展，这要求教师在明确语文知识来源于生活这一理论的基础上，有意识地将社会生活信息融入阅读教学中，以便丰富教学内容，促使阅读教学成为提高学生语文素养的重要途径。

三、大学语文阅读教学的基本任务

（一）经典文本阅读教学任务

在知识信息不断增加的时代背景下，需要语文阅读教学能起到培养学生审美情趣的作用，进而促进学生良好发展。审美需求是大学生自觉追求的内容，要在掌握学生心理需求的基础上，为其提供情绪宣泄出口，发挥语文阅读在健全学生人格上的功能。经典文本阅读教学可通过塑造优秀的艺术形象及意象世界，带给人们艺术体验。开展经典文本阅读教学，有利于提高学生的人文精神。经典文本一定程度上规范着人类行为，具有道德约束作用，并能在阅读实践的过程中，帮助读者养成良好行为习惯。因此，在进行语文阅读教学时，应明确阅读教学在培养学生人格和规范学生行为等方面的积极作用，进而得到理想的教学效果。

（二）媒体文本阅读教学任务

在进行媒体文本阅读教学时，应满足学生阅读过程中休闲娱乐体验的要求。媒体文本具有信息丰富、互动性强等特点，能解决读者心理困惑。阅读文本中传统元素与现代元素的融合，展现出较大自由度，为读者创新思维提供了空间，有利于学生个性化发展。特别是媒体文本在多媒体课件上展示出来，将呈现多层含义，更加直观和形象地传达文本内容。例如，在进行网络视频阅读时，可在音乐、文字、画面等多种元素的共同作用下，使得读者感受阅读的喜悦。另外，媒体文本阅读教学活动的开展，还可加强对学生乐观、阳光等个性素养的培养。媒体文本传达出的时代理念，引导读者关注现阶段社会热点问题，并且媒体文本阅读行为可在互联网环境下进行，体现出互动性特点，使得媒体文本内容能被读者深入挖掘，使媒体文本获得生成价值。媒体文本阅读能有效满足学生阅读需求，并加大对他们个性素养的培养，进而完成大学语文阅读教学目标。

第二节　大学生阅读能力的基本结构

一、认知能力

认知能力是大学语文阅读能力结构体系中的主要组成部分，在进行语文阅读教学时，应注重对学生认知能力的培养，通过丰富认知策略，来达到培养认知能力的阅读教学目标。从心理学角度出发，阅读指的是读者将阅读材料中收集到的信息与其自身认知结构中的已有知识结合起来，生成一定意义的过程。较高的阅读能力离不开观念性理解、认知策略及自动化的技能等要素，其中观念性理解指的是阅读者应做到对阅读文本中涉及的字、词、句、语体及文体等知识内容的基本理解，属于陈述类知识；自动化技能则主要指阅读者在阅读过程中对文体、语体进行解码和翻译的技能；而认知策略指的是学生在阅读实践中自动形成的一种阅读技能和方法。从知识分类方面来看，认知策略和自动化技能可以看作程序性知识。通过以上阐述，我们可将语文阅读过程划分为四个过程，分别是解码过程、内容表面含义理解过程、推理过程以及理解监控过程。从认知心理学层面着手进行阅读能力的阐述，能帮助教师和学生明确阅读能力结构组成中认知能力的重要地位。丰富阅读教学中的认知策略，能够加大对学生认知能力的培养，这是提高语文阅读教学效果的重要途径。在阅读理解过程中，阅读者首先要对语言信息有明确认知，进一步对阅读文本内在含义有所掌握。

图式就是指以某一特定主题为核心，建立起相关知识表征及存储的方式，利用图式简化知识学习难度。通常来讲，学习者自身图式结构的构建程度能反映出其阅读能力强弱，需要在不断阅读实践中丰富图式结构，进一步提升阅读者认知能力。图式中不仅包括概念及命题的网络结构，还包含解决问题的方法及过程，主要起到梳理知识、连接各知识点的作用，进而形成知识网络，这种情况下生成的认知图式便被称作记忆。在语文阅读过程中形成的图式属于一种心理组，将阅读阶段涉及的各类知识结合起来，这些知识彼此作用，共同组成有机的结构体系，在之后的阅读实践中不断丰富，并作为阅读理解的工具。大学语文阅读中需要用到的图式结构包括场景图式、形象图式和语言图式等，需要明确图式在学生理解文本内容上的重要作用，并引导学生注重自身图式的构筑，进一步提高他们的认知能力。在阅读文章前，可借助图式使得阅读者对文章内容有初步了解，并通过推理、搜索等，加深对文章细节内容的了解。总的来讲，图式构筑是一项重要的认知策略，需要在充分利用图式作用的条件下，加大对文章内容的掌握。例如，教师在开展语文阅读教学时，将以丰富学生语言信息的图式体系为主要教学目标，从多个角度引导学生探索文章内容，并在这个过程中实现学生自身的图式结构的完善；另外，还可以引导学生进行课外阅读，促使他们的图式结构和阅读经验更加丰富；同时，在学生已经具备一定图式结构的基础上，还要求他们做到各类图式的整合分类。

二、思辨能力

进行大学阅读教学的重要意义在于培养学生的思辨能力，通过组织思辨性阅读教学活动，提高学生个体发展价值，在向学生传授阅读知识的同时，提高他们的思维能力和反思意识，从而促使学生具备较高的语文素养。教学首要任务是让学生掌握必要的文化知识，在阅读教学课堂上培养学生思辨能力，进一步激发学生的语文阅读学习兴趣，为他们的未来发展奠定基础。因此，要想充分发挥语文阅读教学在提高学生思辨能力上的积极作用，需要确保学生在教学活动开展过程中获取有利于其核心素养形成的知识，进而在知识不断积累的基础上，促进学生思维的良好发展。丰富的知识体系是学生思维不断发展的基础，需要通过注重知识的全面讲解，真正形成学生的思辨能力。另外，大学语文阅读教学在学生思辨能力提升上的重要意义，还体现在提高学生理性思维能力这一方面，对于语文阅读来讲，在深入探析阅读文本内涵的过程中，通常需要阅读者凭借自身理性思维，做到对阅读文章的充分了解。因此，可以认为学生进行语文阅读的过程就是思辨能力提升的过程，在思辨性阅读教学有序开展的条件下，能保证学生自觉运用辩证思维来了解文章内容。

理性要求学生自主分析和思考阅读文本，并在理智状态下将自身想法及观点准确表达出来，而理性思维则是指依据事实说话的一种思维方式，通过严密的推理得到相关结论，思辨能力主要强调学生这种自主思考能力，可通过阅读教学为学生发展提供有效途径。心理学领域相关知识表明，大学生思维发展主要是抽象逻辑的完善，在一系列行为作用下，不断深化学生自我意识。从这一角度出发，教师在组织语文阅读教学活动时，应避免过于注重对文章情感渲染的分析，而应以发展学生理性思维为主，合理选择教学关键点，通过设计有利于提升学生思辨能力的教学内容，为学生终身学习奠定基础。通过思辨性语文阅读教学的开展，引导学生利用理性思维能力学习相关知识，并在阅读教学过程中，帮助学生养成独立思考的习惯。总的来讲，在培养学生阅读技能时，要注重学生思辨能力在阅读能力体系中的重要地位，通过设计教学内容及教学方法等，可进一步促使学生从理性思维角度出发进行学习。

三、鉴赏能力

大学语文阅读教学应将培养学生独立阅读能力作为重要教学目标，同时培养学生感受及理解能力。在实际教学过程中，教师应凭借自身的文本解读能力，对文本进行推敲并总结文章传达的信息，进而有针对性地提高学生文本感悟能力。因此，要想提升学生的文本鉴赏能力，需要首先强化教师文本解读能力，确保教师在备课环节做到对文本的充分掌握，从而获得理想的教学效果。例如，教师应有意识地引导学生进行高质量阅读，并通过不断增加阅读强度，来达到提高学生阅读理解能力的目的。教师可针对学生特点，为其推荐感兴趣的阅读文本等，确保学生阅读鉴赏能力的提高。如对于散文类文章来讲，主要特征在于形散神不散，而记叙文通常采取夹叙夹议的手法，这种固定思维容易限制学生阅读能力的提高，因此，教师应帮助学生在了解阅读语言信息时从文本实际出发，运用已有经验合理分析文章内容，以免走进理解误区。

另外，为了加大对学生鉴赏能力的培养，还应注重对文章独特写作技巧及风格的剖析讲解，在对文章内容有全面把握的条件下，具体分析文本精髓，不仅能激发学生阅读兴趣，还能促使学生阅读鉴赏能力的提高。总的来说，对学生鉴赏能力的培养，是大学语言阅读教学的主要任务，学生鉴赏能力的高低将直接影响学生对文章的掌握程度。在实际教学中，教师应明确文本主题和核心，进一步深入探讨文本信息。通过确定阅读教学的重点，提高教学质量及效率，通过对比分析教材内各词句特点，帮助学生深入了解文本内容。通过上述阅读教学措施的实行，帮助学生在阅读过程中做到对文本信息及文章整体情感基调的掌握。由于鉴赏能力是语文阅读能力结构体系中的重要组成部分之一，有必要将这一能力的培养作为教学重点，并在具体分析某一文章的过程中，使得学生掌握文本鉴赏技巧，通过字词句提供的信息，深入剖析文章阅读价值。

四、创造能力

语文阅读能力体系中还包括创造能力，通过进行科学训练，来达到提升学生创新能力的目的。应合理设计科学的训练内容，以便培养学生掌握多种认知策略，使他们能在合理运用认知策略的情况下，保证对文本信息的明确掌握。认知策略通常被看作一种自我调控技能，包括相应的阅读操作步骤，阅读认知策略指的是阅读过程中使用的各种阅读技巧和方法，并在阅读者不断进行阅读实践后形成相应的认知结构，主要包括组织策略、复述策略和精细加工策略等，同时还包括阅读计划策略和元认知策略等。在语文阅读教学过程中，要求教师注重训练学生的阅读认知策略，将阅读规则和步骤等方面知识呈现给学生，通过利用科学的训练方法，促使学生进行实践训练，从而提高学生在阅读过程中的自动化程度，使其内化成学生自身的阅读技能。在学生掌握基础阅读技巧的基础上，还需要加大对学生创新思维的培养，创造能力是学生进行语文阅读时需要具备的主要能力之一，是提升学生语文阅读技能的关键。

在阅读实践过程中，要保证学生体会作品的艺术形象，引导学生对作品主题思想以及构思特点等熟练掌握，并且教师应在阅读教学中，结合阅读文本特点，让学生注重某类阅读文本的积累，鼓励学生在阅读时运用创新思维。通常来讲，在欣赏阅读文本时，需要对文章的写作技巧及写作风格等进行深入探析，对于创造能力较强的学生而言，要使他能达到对文本信息的深入挖掘。教师要适当改变以知识单方面传授为主的教学方式，应通过多种方式的配合使用，培养学生在阅读时的反思和创新能力。另外，要将语文阅读教学的主要目标设定为全面提高学生语文素养，确保学生阅读能力的提升。

第三节　大学阅读教学的基本方法

一、泛读、精读与研读

在进行大学语文阅读教学时，我们普遍采取泛读、精读和研读的教学方法，这能保证学生有效掌握语文阅读知识。为了充分发挥这一教学方法的积极作用，需要确保学生详细阅读文本，并初步把握整体文意。阅读教学中运用的文本细读方法指的是教师将自身解读关键点转变为学生学习的重点，引导学生在以文本为主的基础上，揣摩字词句，将文字与画面结合起来，建立起与文本相呼应的场景，促使学生与文本内容产生共鸣，为之后的阅读学习奠定基础。通过构建相应的场景，可引领学生感悟文本深层内涵和内在情感，从而为阅读者提供审美享受。因此，在实际教学过程中，要注重学生对文本内容的全面了解，以保证泛读、精读和研读的教学方法落实在阅读教学过程中。学生是阅读学习的主体，他们与文本的接触程度对整个阅读教学效果有直接影响，当学生没有对文本形成整体印象，还不能明确掌握文本重点内容时，要求学生针对文本中的语言信息进行反复咀嚼，以免造成学生对文本内容体会不深。为了提高预期阅读教学效果，需要实施文本泛读、精读、研读的教学方法，引导学生做到对文本信息的全面掌握，并明确文意。只有按照文本泛读、精读、研读的顺序进行阅读学习，学生才能深入感悟词句含义。

学生在没有全面阅读文本的情况下进行阅读学习，将导致所有的感悟成为泛泛之谈。要求学生做到对文本内容的初步掌握，是避免阅读教学课堂无中心扩展和无效讨论的关键。学生在进行文本阅读时，不能完全依靠课堂，还需要在课余时间完成文本泛读等环节，并在多次阅读的过程中，加深学生对文本内涵的了解。在实际教学时，不仅要保证学生对阅读文本信息的充分掌握，还要保证细读过程的高效性。教师要根据课堂教学内容，为学生布置相应的课前预习任务，使学生在课前完成泛读文本和精读文本等学习环节，以便节省课堂教学时间，在正式进行语文阅读教学时，教师可直接要求学生根据自学成果，挑选出具有探讨价值的词语和句子等。在研读文本阶段，要求学生能深入挖掘文本内涵，在对文本表层含义有所把握的基础上，对文本内在含义加以了解。通过采取上述教学方法，能帮助学生掌握一定量的阅读知识，并将其转换成自己的阅读技能，是效果显著的教学方法之一。

不过，这里所谓的泛读、精读、研读教学法不仅局限于教材，还可以延伸到课外，那就是打破常规，扩大视野，善于反思的阅读。再就是，阅读要带有批判思维，不仅要了解文本写了什么，为什么这样写，还要反思这样写会给人类带来哪些启迪和不足等，只有带着问题读，才能跳出文本的约束，产生阅读增值效应。

二、常规教学法

大学语文阅读教学中常见的教学方法包括情境教学法和个性化阅读教学策略等，通过合理选择教学方法，能为教学效果的提升提供有利条件。首先，对于情境教学法来讲，就是根据实际教学内容来搭设相应的教学情境，从而为学生营造适宜的阅读环境，激发学生阅读兴趣，并且在适当的教学情境中，帮助学生更快进入文本，全身心投入阅读过程中，学生在这种情境下的感受是最真实的，这样可以促使学生对文本内涵有正确的认识。教师可在基于教材内容的前提下，设计相关的问题情境，这时可引导学生带着问题进行文本阅读，并感知文本，在学生确定阅读任务的情况下，有效提高学生阅读针对性，促使阅读实践过程的高效进行。在设计问题时，教师可根据某一人物的特点或文本中关键词句的运用目的等内容进行问题的细化设置，以便提高学生自主学习质量。

除了情境预设法外,在语文阅读实践中还会采取个性化的教学策略,指的是根据学生个性特点,制定对应的教学内容以及教学方案等,进而确保教学方法在阅读教学课堂上的有效落实。为了保证个性化教学策略在阅读教学中的有效应用,要做到在选择教学内容时,满足学生的阅读需求。学生的认知水平、学习能力以及个性特点等存在明显差异,这就表明学生学习需求是不同的,对于大学生而言,要在保证教学内容具有一定深度的同时,突出教学内容的差异性。例如,对于思维较活跃的学生来讲,除了为他们提供基础教学内容外,还要结合其他课外阅读内容进行讲解,这有助于学生阅读技能朝着高层次发展,尤其应注重教学内容的选择,这能起到培养学生语言表达能力及文本感悟能力的作用。教师应重视选择阅读文本中能提升学生语文素养的教学内容,重视构建和完善学生的知识体系,还要注重对学生精神境界的提升,通过采取个性化教学策略,可为语文阅读教学注入活力,为学生的未来发展奠定基础。

三、创新教学法

阅读教学方法的选择对阅读教学效果有直接影响,教师通过选择适当的教学方法,能在实际教学过程中引导学生获取相关阅读知识,并提高阅读能力,形成阅读思维,这是培养学生语文素养的重要策略。传统教学方法包括提问法、教授法和朗读法等,这些教学方法在阅读教学中的使用具有一定优势,但还存在一些不足。因此,我们应该在吸取传统教学方法优点的基础上,提出新的教学方法。对话式阅读教学方法便是随着语文教学改革而出现的一种教学方法,在目前的语文阅读教学中有广泛运用,这一教学方法主要是将对话作为阅读教学的基础,从对话角度出发来设计一系列教学活动,并在对话过程中丰富学生的思维经验。从某种角度来说,教学活动本身便是一种对话活动,在阅读教学时,构建起教师与学生、学生与阅读文本以及教师与阅读文本间的对话关系,并坚持学生在课堂教学中的主体地位,可确保阅读教学活动的顺利开展。

从学生与教师间的对话来看,在进行文本阅读时,通常将学生看作教学活动的主体,而教师则是教学活动的促进者,因此,要改变单方面传授的教学方式,需要通过对话式教学方法的实施,提高教学内容和教学方法的针对性。教学内容的合理选择,有利于让学生体会阅读乐趣,从而满足语文教学改革要求。另外,大学语文阅读教学主要任务是注重对学生人文精神及综合素养的培养,在学生切实感悟作品魅力的情况下,使得学生将语文知识转化为其内在精神品质。因此,大学语文阅读教学应注重学生对文章作品的感悟体验,通过选用体验式教学策略,帮助学生掌握作品内涵,并在与作品互动过程中,激发学生阅读兴趣。体验教学法指的是教师在明确教学目标的条件下,设计相应的教学氛围,引起学生情感认同和情感体验,进一步实现阅读教学目标。在现代大学语文阅读教学中,普遍使用体验式教学法,强调学生在阅读过程中的情感体验以及阅读行为自主性,为了确保这一方法在实际教学中的有效应用,需要教师根据教学需求营造阅读氛围,同时要求学生积极融入教学实践中,以便感受文本内在的文化气息。总的来讲,多种阅读教学方法的运用,能保证语文阅读教学取得良好效果,语文阅读教学课堂中教学氛围的营造,是提高学生在课堂活动中参与程度的有效措施,有助于强化教学效果。

教无定法,有道可循。大学语文教学法随着时代的进步和媒体技术的更新越来越与传统教学法相去渐远,随之而来的是各种新教学法不断涌现,呈现出良莠不齐的现象。截至目前,还没有哪一种教学法是万能的,只有针对不同教育对象、不同地域文化背景与不同执教人员的素养风格以及不同教学内容设计教学法,才可能收到事半功倍的效果。无论选择什么样的教学方法,也无论怎样变化，语文学科性质与培养人才目标始终是融为一体的，只有在这两种决定因素中找到契合点才是科学的选择。所以，探索科学有效的大学语文教学方式还是一项艰辛的工作，任重而道远。

第四节　大学阅读教学的运用

一、诗歌教学

（一）大学诗歌教学的重要意义

诗歌教学是大学语文阅读教学的内容之一，在进行诗歌教学的过程中，主要针对诗歌内容以及其中展现的人生态度和作者品质等进行分析，从而引导学生树立正确的人生观及价值观。大学语文诗歌教学对学生未来发展有重要的促进作用，诗歌教学的开展有助于学生心理健康成长，促进学生想象力的发展，进一步帮助学生构建健全人格。语文古典诗歌是重要的阅读教学素材之一，其中包含的人生哲理及思想情感等，在促进学生形成乐观向上的生活态度以及高尚品质等方面有较大帮助，另外，诗歌中呈现出的人物形象，会一定程度影响大学生心理成长。例如，苏轼的《定风波》、陶渊明的《归园田居》等，这些作品中都展现出作者的人生态度，以及对美好生活的向往，能在学生自身人格构筑上起到积极作用。教师在进行大学语文诗歌教学时，应充分尊重学生的审美体验，引导学生真正融入古典诗歌教学中，思考作品中的人生智慧，以便在深入剖析诗歌内容及思想情感的过程中掌握诗歌创作技巧，在实践中形成自己的诗歌创作风格。对于大学语文阅读教学而言，主要任务在于对学生审美能力以及想象力和创造力的培养，而诗歌教学的开展，可为学生想象力的发展及运用提供广阔空间，进而满足学生发展要求。另外，大学语文阅读教学中的诗歌教学，还可促使学生积累丰富知识，提高他们的审美能力，使得诗歌教学在传授传统文化知识的基础上，注重学生知识运用、探究以及审美能力的培养，进而实现学生的全面发展。教师在引领学生感悟诗歌包含的情感这一过程中，将锻炼学生的审美思维，可以说，语文诗歌教学是大学语文阅读教学过程中需要重点开展的教学内容之一。

（二）提高诗歌教学效果的有效措施

要想达到理想的大学语文诗歌教学效果，需要采取相应的教学策略，在教学策略有效实施的条件下，确保诗歌教学满足学生发展需求。首先，需要确保诗歌教学内容的选择符合学生个性化发展要求，不同个体对同一事物的感官体验存在差异，这就要求教师注重学生心理特点，确保诗歌的选择能引起学生共鸣，在尊重学生个性化发展的前提下，帮助学生明确自己适合的诗歌类型，提高学生诗歌创作能力。在实际教学中，教师应及时改变单方面传授知识的做法，避免向学生灌输自己对诗歌的感悟，导致学生审美体验出现偏差。教师应更多注重学生在课堂上的主体地位，鼓励他们参与到审美活动中，通过组织学生参与合作学习、自主学习等，提高学生在诗歌学习上的主动性，这样不仅有利于完善学生诗歌知识体系，还可激发他们的诗歌学习兴趣。同时，教师应做到充分把握学生不同阶段的诗歌解读特点。大学生接触到的诗歌内容已经有一定难度，这种情况下，教师应适当调整诗歌内容的重点和难点等方面，通过将教学目标设定为循序渐进地提升学生审美能力以及诗歌创作技能，从而在教学目标引导下，有效实施个性化教学策略，确保诗歌教学活动的高效开展。另外，为了提高诗歌教学质量，还需要确保审美内容的多元化，例如，教师在指导学生学习诗歌知识时，可指导学生吟诵诗歌，以便加深他们对诗歌音乐美的感受，在吟诵诗歌的过程中，可确保学生真正投入诗境中，从而把握诗歌情感，在诗歌吟诵过程中，要求学生利用自身想象力，构建出诗歌意境，以便获得审美体验。

我国现代诗人、文学评论家何其芳曾说："诗是一种最集中地反映社会生活的文学样式，它饱含着丰富的想象和感情，常常以直接抒情的方式来表现，而且在精练与和谐的程度上，特别是在节奏上，它的语言有别于散文的语言。"这个定义，概括了诗歌的四大特点：一是高度集中、概括地反映生活；二是抒情言志，饱含丰富的思想感情；三是丰富的想象、联想和幻想；四是语言具有音乐美。因此诗歌的教学还要突出诗歌本身的特质。我国是诗歌的王国，从第一部诗歌总集《诗经》开始，到楚辞、汉赋、魏晋风骨、唐诗宋词等古代诗歌的涌现，直至近现代新诗的突飞猛进，构成了诗歌的长河，滔滔不绝，汹涌澎湃，取之不竭，用之不尽，为学习者提供了广泛而深厚的学习资源与精神沃土，也为大学语文创新教育提供了广阔的探索空间，其学科优势无与伦比，创新教学永远在路上。

二、散文教学

（一）大学散文教学审美困境

大学语文阅读教学相对于单纯的散文文章阅读来讲有着明显区别，但是部分教师没有明确认识散文教学对学生审美能力的影响，在实际教学中还存在教学方法选择不合理的问题。现阶段大学语文散文教学主要问题为审美概念存在缺陷，导致审美内容对立。现阶段，阅读教学课堂大多数由学生通过阅读直接获得审美体验，教师在课堂上无法发挥主导作用，不能引领学生深入感受散文阅读中的审美价值，容易导致学生对阅读的理解过于表面化。并且由于教学模式的固定化，容易限制学生审美思维的发展，无法保证学生对散文中的美感有明确认识。另外，目前在进行语文散文美学价值分析时，由于审美标准的不明确，造成审美结果的不一致，大部分散文需要结合其创作背景，才能理解作者的创作思想。因此，在进行散文分析时，需要综合考虑散文创作背景、散文类型中包含的民族文化等多种因素，才能确保对散文阅读的审美价值做出合理分析。然而目前语文教师在分析散文创作背景方面投入大量精力，忽视了作者文化心理变化，这就导致对散文阅读审美研究得不够充分。例如，在对沈从文的《边城》这一文章进行赏析时，如果单纯从自然美学的角度引领学生感受作品内涵，势必导致学生对文章的理解过于片面，作家沈从文始终坚守节制的美德，包括人与人交流时的节制，所以实际分析时要结合作者心理特点，来达到对作品社会属性的掌握。

（二）大学散文教学效果提升的建议

为了突破大学语文散文教学过程中的审美困境，需要从以下方面着手来提高散文阅读教学效果：首先，应重新构建审美内容。散文审美空间的打造并不在于降低教师引导作用，道德审美以及情感审美等文化内容的输出，一定程度上可作为学生感受散文阅读美学体验的中介，并且审美内容可分为情感与非情感以及道德与非道德这两方面的对立，教师不仅要尊重学生的探索意识，还要丰富学生审美探索渠道，尽快打破教师为学生预设审美渠道这一教学困境。例如，在进行《听听那冷雨》这一散文审美分析时，大部分教师主要针对情感主题对散文阅读进行分析，大多得到思乡之苦的情感辨析结果，但在文章细节上的感悟有所不足。因此，教师应引领学生加大对细节内容的美学分析，并通过将同类散文放在一起进行比较，从而促使学生对散文中的审美体验有所掌握。其次，需要重建审美标准。影响散文阅读中美学体验的主要因素在于审美标准的缺失，为了解决这一问题，需要从作者性格特点、作品创作文化背景等角度出发，确保审美标准合理营建，为学生散文阅读分析奠定基础。通过上述措施的实行，能有效提高散文阅读教学质量，进而发挥散文阅读教学在提升学生审美能力方面的积极作用，并提升学生创作能力。

再次，厘清文章思路，体验真情实感。散文的形式是"散"的，但并不是天马行空，看似海阔天空、漫无边际的描写叙述，其思想感情的主线是统一的。教学中要梳理出作者的感情线索、时间线索和事件线索，体验作者在文章中寄托于人、事、物、景的感情倾向。比如在朱自清的《荷塘月色》阅读教学中，可从作者夜游的行踪变化以及景点的转换中探究作者情绪与思想变化的轨迹，以收到时效性教学效果。最后，注重主体意识的参与。教学中学生情感的投入与主体认知程度是教学成功与否的重要目标之一。散文教学中要引导学生深入文本情景，通过与作者及其提供的人、事、物进行深层对话，从而形成自己独到而有意义的见解，这既是一种学习过程，一种对作品的深度认知与感悟，更是一次生命成长的体验。

三、小说教学

（一）把握小说内涵

小说教学实践开展过程中，需要针对环境进行分析，从而把握小说内涵。在小说作品中，作者为了塑造鲜明的小说人物形象，往往会通过描写人物语言、动作、心理等，向人们展现特色鲜明的小说人物形象。上述描写内容之间存在紧密联系，不仅需要与小说故事情节完全融合，还要符合社会背景。小说中人物形象的形成，主要与小说环境有关，小说环境不仅能起到发展故事情节的作用，还能营造出相应的气氛。通常来讲，教师在进行小说教学时，需要从自然环境以及社会环境等方面着手，加深对小说内在情感的探讨。以鲁迅先生的《祝福》为例，小说中描写到鲁迅先生阴暗的书房、人与人之间的冷漠等，进而营造出小说人物凄惨的生活环境，预示悲剧势必会发生。通过深入分析小说内涵，可帮助学生掌握小说描写技巧和方法，并且通过环境分析，做到对小说中人物形象特点的全面探讨，进而为小说教学的开展提供有效途径，为教学活动的顺利进行提供保障。总的来讲，对小说内涵的分析，是学生进行小说学习不可忽略的环节，也是学生全面掌握小说阅读知识的关键。

（二）扩充小说外延

在把握小说内涵的同时，还需要进行小说内容的延伸，进一步深化小说主题。小说灵魂便是小说的主题，教师在分析小说文章时，需要从多个角度出发，对其主题进行分析讨论，详细分析作品中人物命运以及故事情节设置特点等。在对《祝福》这一小说进行分析时，不仅要从祥林嫂被压迫的命运这一角度进行分析，还要充分考虑祥林嫂善良的性格特点，进而在对比分析下，对黑暗的社会背景有所了解，进一步将小说主题升华到社会层面。又如鲁迅先生的著名小说《药》，需要从革命者在反抗封建社会做出的牺牲这一方面着手，进行小说主题的深入探讨，了解革命者和群众间的关系，从而体会小说批判现实主义的写作思想。因此，教师在进行小说教学时，需要以文本内容为基础，引导学生结合小说内容进行其内在思想的探索，并将创新思维运用在小说分析中，从多个层次着手对小说主题进行细致探讨。对于小说教学来讲，能够提升学生创造力以及思维能力，是开展小说教学实践活动希望实现的重要教学目标。小说教学是大学语文阅读教学中的主要组成内容，要想通过小说教学活动来提高学生语文阅读能力，有必要在小说教学最终目标的引导下，结合学生实际情况，引导他们对教学内容充分掌握，通过深入探讨小说主题并把握小说外延，来为小说教学高效进行加以保障。

（三）关注叙事技巧

常规小说教学主要针对小说中的人物、事件、情节三要素进行分析归纳，往往关注的重点是小说写了什么，表达了什么样的主题，而很少研究小说采用的是什么样的叙事方式与叙事技巧，这样的教学模式很容易将小说的内容与形式割裂开来，最多是让学生知道小说讲的是一个关于人物或事件的故事，那么这个故事怎么讲，为什么这样讲却很少过问。殊不知小说最精彩最吸引人的地方还在于叙事技巧。要深入理解小说的艺术魅力与文学价值，就得引导学生从叙事学角度对小说表达形式进行品读鉴赏。大学生对于小说的理解通常指向传统的现实主义，教师可根据课堂实际情况，列举出表达形式与传统现实主义小说迥然不同的现代主义或后现代主义作品，从而帮助学生建立起现代叙事学的基本框架。简单了解小说故事和叙事的区别后，教师可从叙事角度、叙事时间和叙事结构三方面对现代小说叙事理论做简要介绍，其中叙事角度为教学重点。为避免纯理论知识讲解的枯燥与深奥，教师应通过简单易懂的实际例文进行分析，比如"马原体"小说，堪称是小说叙事革命，是一种放逐意义，重视叙事本身的形式实验，其叙事显得随意自然，完全没有传统小说的叙事秩序，故事之间没有任何逻辑关系。原在小说中陈列各种事件的写法，实际上就是一种对于生活现实本质的叙事还原。通过简单的实例分析，能让学生直观形象地了解叙事角度对小说表达的影响。同样的教学方法也可用在对叙事时间和叙事结构的阐述上。小说是虚构的真实，故事和叙事共同折射出作者的写作意图和审美内涵。小说教学应首先构建现代叙事学的基础框架，才能让学生在随后的具体文本赏析中，形成从叙事学角度鉴赏小说的意识。

（四）体验小说情景

大学语文教学，首先要明确学生的主体地位，学生不是知识的被动接受者，而是知识的研究者和创造者；而教师作为课程的组织者和指导者，应引导学生用自己的经验和情感去体悟作品，更多地发现作品的"不确定性"和"多重性"，教师可根据大学语文小说教学的特点及学生的实际认知水平，通过实践教学，以角色扮演、问题研讨、情景模拟等创新教学方法，激发学生自主学习的兴趣。如《游园惊梦》中刻画人物的手法之一是自然而精准的人物对白描写，这也是白先勇小说的一个特点。在教授该课程时，可让学生分小组对不同场景进行演绎，并提出问题让学生思考：不同人物的对白分别有什么特点？映射出怎样的人物性格？通过角色扮演，扮演者和观看者都会对人物形成一个大概的印象，有些扮演者甚至会将自己的领悟在演绎过程中通过语气、动作体现出来，在此基础上，师生再一起来分析每个人的性格特点。这其中，教师始终处于引导者的位置，每个人物的性格特点都应由学生自己分析，一个人的理解或许不够全面，但把多个人的回答汇总到一起，往往能形成一个比较正确而全面的形象。这时教师再做总结性的概括。在课堂教学开始阶段使用角色扮演法，可充分吸引学生注意力，调动学习的积极性。

问题教学法中的问题，可分为大问题和小问题，大学语文教学应注重大问题的研究。大的论题可提前布置，让学生在课前充分准备，再带到课堂上讨论；或教师在课堂上布置，交给学生课后自行研习。大问题的研习，关键在学生课余时间的自主学习，教师起指导、督促的作用。比如在了解了《游园惊梦》中主要人物的性格特点后，教师可从叙事学角度提出问题：这篇小说是以谁的视角在叙述？作者为什么要从这个角度讲述故事？换成其他人来讲述行不行？这些问题教师不必急着给出所谓标准答案，可留给学生深入思考，甚至可让学生尝试以其他人的视角来叙述这个故事，看看效果如何。在教学中，教师也应提出一些关于文本细节的难度适中的小问题，帮助学生加深对作品的理解，同时增强学生的自信心与阅读兴趣。如：文中有哪些环境描写？这些描写起到什么作用？作者这么写的意图在哪？通过课堂讨论，以学生分析为主，教师引导为辅，共同得出合理的答案。

在大学语文教学中，引导学生主动参与、亲身体验十分重要，比如学习《游园惊梦》的意识流手法时，可分组组织学生进行自由联想，相互交流意见，通过亲身体验，学生能更直观地理解意识流的特征：意识流是一种自由联想，它随着人的意识流动到哪里就是哪里，比如看到火车，会想到西藏或其他任何地方，或是任何相关的其他事物；但意识流又并不是无联系的意识碎片，从一个联想到另一个联想之间，必然暗含了一点联系，便是这些联系形成了意识的"流"动。在了解意识流的基本概念后，教师可接着详细介绍意识流作为一种小说流派的特点，而后请学生思考：《游园惊梦》中的意识流与西方意识流小说有何不同？作者为什么要采用意识流的手法？有什么好处？时间充裕的情况下，可组织课堂讨论，亦可布置练习题，留给学生课后研究。

四、戏剧教学

（一）戏剧教学开展的意义

开展戏剧教学有利于提高学生创作能力、思维能力以及表达能力等。戏剧教学作为大学语文学科主要教学内容之一，在学生语文素养提高上起到不可忽视的作用。在对戏剧教学开展意义进行分析时，需要注意的是，戏剧教学不是要学生学会表演，而是体验戏剧中尖锐的矛盾冲突的社会意义以及高超的艺术形式，从而实现对传统文化的传承与传播，同时，在教学过程中加深学生对传统优秀文化的了解，有利于在文化熏陶下促使学生形成优质品格，塑造学生良好形象。戏剧教学对学生来讲有较强吸引力，主要是由戏剧教学内容的多样化，以及丰富的教学手段决定的。教师可通过组织相应的戏剧表演活动，要求学生扮演文本中某一特定角色，并在相应的情景下进行对话，从而在轻松的氛围下，掌握戏剧阅读知识，促进学生心理成长，并帮助他们对语文阅读教学本质有更好的认识，使得学生自觉参与到阅读教学实践中，并在戏曲教学有序开展下，全面培养学生多方面能力。

（二）戏剧教学实施策略的分析

通常运用在语文戏剧教学中的策略包括阅读介绍和拓展延伸等，其中阅读在语文教学实践中有着普遍意义，在阅读文本的过程中，能促使学生深刻理解并感悟作品内涵，与作者在思想层面上达成共鸣，进而丰富学生感情，培养他们的语文素养。阅读在戏剧教学上同样是重要的教学环节，戏剧的表现形式主要包括文字和舞台表演两类，在研究戏剧时，不能忽视其文学性特点，需要在对戏剧文本有充分理解的前提下，演绎戏剧中的人物形象并达到预期表演效果。阅读戏剧文本是演出的前提条件，为了确保文本细节内容的完整呈现，要采取文本精读的方式，紧抓戏剧文本特征进行情感分析，以便凸显戏剧艺术魅力。例如，教师在讲解戏剧文本时，要求学生针对其中某一场景进行细致阐述，利用自己的语言将戏剧文本信息表达出来，深入体会其中蕴含的情感等，在精读戏剧文本后，能为戏剧表演的顺利进行提供保障，并且促进戏剧教学的高质量和高效率完成。因此，我们认为阅读介绍是重要的戏剧教学策略之一，要做到将这一策略切实落实到戏剧教学中。另外，戏剧教学中还需要应用拓展延伸这一策略，旨在让学生以教材为主，探索更加宽广的戏剧世界，在实施这一策略时，教师应考虑到学生接触戏剧的机会较少，在一段时间学习后，他们对戏剧文本的认识还没有达到较深入的层次。因此，在鼓励学生欣赏戏剧作品时，要遵循由易至难、循序渐进的原则。例如，教师可将教材中编写的戏剧作品和其他优秀作品结合起来分析，促使学生对这些作品进行对比分析，在对不同戏剧的相似点有所掌握后，使得学生初步掌握戏剧文本特点，为之后的戏剧知识学习提供基础条件。

五、实用文体教学

（一）大学实用文体教学的重要性

实用文体在促进社会进步上有着重要的意义，大学实用文体教学的高效开展，能够为社会发展提供实用人才。我国目前已经形成了幼儿教育、中小学教育以及大学教育在内的完整教育体系，有利于提高学生综合能力，并且将实用文体教学贯穿在学生发展各个阶段，可确保学生逐渐掌握较广阔的实用文体知识，进而提升他们的语文素养。相对大学阶段的实用文体教学而言，与社会生活联系更加紧密，考虑到学生即将踏入社会，开始职业生涯，因此在教学内容设置上，大多选择工作实践中可能运用到的操作能力和理论知识，从而提高教学内容在培养学生操作实践能力上的适用性。在对应用文写作进行教学的过程中，掌握良好的训练技能，能够为大学生以后的工作起到有效的帮助。在当前，不少企业在招聘过程中，对应用文写作能力都提出了要求，企业的招聘人员也将其设定为录用的标准之一，所以在大学语文教学的过程中，开展应用文写作训练，不仅能巩固学生的专业知识学习能力，同时对于其以后的职业发展有很大帮助。因此，大学实用文体教学的开展，能为学生后续工作学习奠定坚实基础，进而发挥大学语文阅读教学培养实用人才这一功能。

（二）实用文体教学实施策略

为了加强实用文体教学效果，需要首先做到思想观念的及时转变，教师应提高自身专业素养，并充分认识实用文体教学的重要意义。在进行实用文体教学时，大部分教师认为教学难度过大，因而导致实际教学中存在教学模糊化和简略化的现象，出现这类现象的原因是教师在进行实用文体教学时的专业度不足。因此，需要教师能注重自身专业素养的提高。首先教师应从认识层面做到实用文体教学重要性的有效认知，并在教学实践中，形成重视实用文体知识传授的意识。同时，教师还可通过多阅读实用类书籍，丰富自身的理论体系，以便为之后教学活动的开展提供有利条件，并且教师还要通过参加实用文体教学座谈会、社会调查研究等社会实践活动，吸收先进的教学思想和社会实践经验，进而提高教师专业素养。另外，在实践操作方面需要注意的是，实用文本教学的开展，主要教学目标在于帮助学生掌握一定量的实用文本知识，从而在理论知识作用下，确保操作实践过程的顺利进行。因此，需要保证实践操作课程的合理设置，从而为学生知识运用提供广阔平台，保证学生整体语文阅读能力的提升。对于实用文体教学而言，要促使学生掌握一定实用技巧，进一步鼓励学生在已有知识体系基础上进行创新发展。教师在教学方法上尽量突出"主体性"与"实用性"特征，即充分发挥学生主动参与实践的激情，采用切实有效的实践锻炼，让实用文体教学落到实处。一是结合所学专业合理安排课程内容，可以根据学生的学习专业，抑或是其未来就业意向来进行应用文的写作训练。比如经管系的学生，可以对招标书、合同等财经类的文章进行写作训练；而工程类专业的学生，主要可以训练调查报告这一类的应用文，而在"常见文书"的训练中，可以针对通知、条据、会议纪要等内容进行教学，同时结合各个行业的实际工作需求，安排针对性较强的写作训练内容。二是创造情景，模拟训练。例如，教师不妨模拟校运动会、校园招聘会等活动情景，让学生展开仿真训练。在"策划协商"的教学环节中，可以安排工作计划、会议纪要的教学任务；而在"公布消息"的环节中，可以安排通知学习的训练内容；"活动完成"后可以开展各类总结学习任务等。通过情景创设的方法，强化学生的应用文写作能力。三是分类指导，互助学习。可采用专题讨论、分类训练的方式，根据学生爱好和基础差异分别列出不同专题，后相互交流成果，促进教学效果的提升。首先，在课前阶段，教师可以布置出一些具有针对性的教学任务，让学生以小组的方式，对应用文进行收集工作，不妨收集多篇同一类型的应用文，各个小组成员，可以对这一类型应用文的格式、特点来进行分析，并鼓励小组代表，在课堂上展示自己的分析成果；其次，要结合情境教学的内容，让学生对应用文中的角色进行扮演，比如学生在进行求职信的写作训练时，可以扮演"求职人员"和"招聘人员"，对求职信的要求进行分析；最后，在学生完成表演后，教师可以进行引导与总结，对相关的文体知识进行梳理。

第六章　大学语文写作教学

第一节　大学语文写作教学的任务

一、提升学生的书面表达能力

（一）学生语文书面表达能力的基本结构

有关书面表达能力结构的划分，已经有研究资料对此进行了充分论述，有研究者认为写作属于一种特殊能力，主要由审题、立意、组材、表达及修改等多种能力组成，另外，还可从写作心理过程角度出发，来进行写作能力的分类分析，并将其划分为观察及分析能力、确定中心、审题能力以及语言表达能力等。还有研究者从思维品质方面着手，将写作结构划分为灵活性、敏捷性、深刻性以及创造性等多种思维品质。写作是一个考验创作者多方面能力的过程，因此，需要做到对写作能力的充分掌握，以便有针对性地提高写作能力。另外，利用定量的方法对学生写作能力结构加以研究分析，可将其划分成写作能力要素、词汇量要素以及词语能力等。

（二）书面表达能力对学生发展的重要意义

书面表达能力在学生发展上的重要意义主要体现在以下方面：一是提升学生语言能力。书面表达能力通常被看作一种综合能力，是阅读写作教学的重要目标，需要在写作实践过程中，加大对学生书面表达能力的培养。由于书面表达能力被看作语文发展的核心能力，相较于阅读能力等其他能力来讲尤为重要。同样，书面表达能力不断提升，有利于带动其他能力发展。二是促进学生观察能力的提高。观察是写作的起点，通过观察才能获取大量写作素材，从而扩展学生写作思路。观察是一种体现出层次性的思维活动，重点在于对事物内在的把握。因此，在提高学生书面表达能力时，势必促进学生观察能力的提高。书面表达能力可看成是提升观察力的促成因素，在观察能力培养上起到保障作用。因此，需要有针对性地组织写作教学活动，进而发挥写作教学在学生语文素养培养上的积极作用。

（三）对于培养学生书面表达能力的建议

语文写作教学在提高学生书面表达能力方面有重要意义，为了充分发挥语文写作教学的功能，有必要从以下几点出发，对学生进行书面表达能力的培养。首先，应注重基本功练习。书面表达是语文知识的结合运用，不仅要求知识积累量充足，语句运用准确，还要求字迹清晰，语句通畅，因此，要从基础训练着手培养学生书面表达能力。在实际教学时，教师应引导学生积累日常阅读中遇到的有借鉴意义的语句，并在练习实践过程中，通过合理运用语文知识将其内在思想表达出来，为之后的书面表达奠定基础。其次，还应注重课上的限时训练。语文写作训练包括审题和具体写作等环节，在审题阶段要求学生根据已知材料，收集写作主题信息，在对写作主题有所把握的基础上，搜索知识体系中已有知识，通过知识的运用，形成一个初步的写作框架。为了达到较好的写作训练效果，应限定学生在规定时间内完成写作训练，有利于激发学生潜力。总的来讲，教师在进行语文写作教学时，应充分认识这类教学活动在提升学生书面表达能力上的积极作用，进而从这一角度出发，有针对性地选择教学方案及教学内容等，从而完成教学任务，为学生未来发展奠定基础。

二、提高学生的思辨能力与健康思想

（一）学生思辨能力及健康思想的本质特征

从本质层面来看，学生思辨能力是体现个体理性思维，并反映个人理论素养的一种能力。思辨指的是深思明辨，大学生在思考问题时可能存在思维片面性、思考简单化等缺陷，无法做到对客观事物本质特征的深入认识，因此，在开展教学活动时，要针对学生身心特点，在明确教学任务的基础上，加大对他们思辨能力及逻辑能力的培养，而大学语文写作教学活动的组织，能有效实现上述教学目标。另外，语文写作教学实践开展过程有利于学生的心理健康发展，为学生提供多样化写作素材，能够帮助学生及时掌握社会热点问题，进而促进学生心理良好发展。具体来说，思辨能力的提升及心理健康发展是学生发展过程中需要实现的主要目标，语文写作教学能起到促进学生思维能力提升及心理健康发展的作用。

（二）提高学生思辨能力的教学策略

要想取得理想的语文写作教学效果，在教学实践中需要采取适当的教学策略，以便提高学生的思辨能力。

首先，应营造平等对话的教学氛围，鼓励学生在对话过程中掌握思辨能力。对话式教学是语文学科主要采取的教学方法，要求教师能充分认识对话理论，真正的对话式教学应是以创新和知识探索为主要目标，尊重学生思想并要求学生具备独立的批判意识，在上述情况下可保证大学语文写作教学取得较好效果。因此，教师在开展语文写作教学时，要鼓励学生将自身看法讲出来并共同讨论，进而为学生提供思辨空间，培养学生思辨能力，同时在学生掌握一定语文知识的情况下，促进他们心理健康发展。

其次，在实际教学中，还应激发学生写作兴趣，调动学生思辨积极性。

目前，学生大多被动地获取知识，课堂上师生互动较少，学生言语权得不到足够维护，并且教师留给学生思辨的空间和时间较少，导致学生疲于思考。为了解决上述问题，需要充分落实学生课堂主体地位，引导学生积极思考，促使学生养成独立思考习惯，从而提高学生思辨能力。由于大学语文写作教学主要教学内容包括研读教材文本、积累经典美文等方面，在学生掌握足够的写作素材后，便可运用写作技巧创作出体现自身风格的文章，这一过程需要学生具备自主学习意识、思辨意识等，需要学生在明确判断写作主题后，综合运用多种语文知识。可以认为，写作实践有利于学生思辨能力的提升。

最后，为了加强学生思辨能力的培养，在进行大学语文写作教学时，还应鼓励学生利用多种表达形式进行内容阐述，这不仅有利于提高学生语文素养，还能丰富语文教学内容，在培养学生思辨能力上有重要意义，同时有助于学生心理健康发展。例如，在进行写作教学时，教师可要求学生利用口头表达的方式，通过演讲、辩论和新闻评论等活动，训练他们的思辨能力。上述形式对学生来讲有较大吸引力，学生会自觉准备演讲材料，最终达到较好的演讲效果。在上述过程中，学生会力求选题能够引起共鸣。

三、培养学生独立自主精神和实事求是的文风

（一）大学语文写作教学在培养学生独立自主精神和实事求是文风上的积极作用

随着素质教育的开展，大学语文写作教学将培养学生独立思维、提高学生创新能力作为主要任务，以激发学生自主学习意识和自主思考意识为主，为语文写作教学发展注入活力。在进行语文写作训练时，通常要求学生利用已经掌握的写作技巧，形成体现独特写作风格的文章，因此在写作教学过程中，更加注重学生创新思维和独立思考意识的运用，以便突出文章创作价值。

另外，写作教学主要任务还体现在培养学生实事求是的文风上，由于学生写作训练都是基于一定写作素材的条件下开展的，对于学生而言，写作过程便是对已有素材进行整合和有效阐述的过程，这要求学生能做到实事求是，确保创作出的文章有参考价值。大学生在论文写作、新闻稿编写等方面都需要运用到自己的写作能力，因此，大学语文写作教学的开展有重要意义，写作教学实践活动有助于提高学生的写作能力，并促使他们形成实事求是的文风。

（二）培养学生独立自主精神及实事求是文风的几点建议

1.改变写作教学观念及方法

心理学有关研究表明，大学生相较于高中生来讲，其心理层面已经发生了明显变化，已经产生了摆脱各种约束的独立倾向。这种情况下，学生更多希望在交往过程中被人尊重和理解，在实际写作教学时，要重视学生这种独立倾向并做适当引导，促使这种倾向逐渐变为珍贵的独立精神，这是促进学生全面发展的关键。为了实现预期的写作教学效果，我们要转变教学观念和教学方法。其中，培养学生的独立思考和独立判断能力显得尤为重要。独立思考能力是一种宝贵的思维品质，也是学生进行创造性活动的基础。因此，提升学生的独立判断和思考能力应被视为教育的首要目标，从而全面培养学生的能力。要实现这一目标，我们需要帮助学生养成善于思考的行为特点。这需要我们尊重学生的看法，并针对学生的疑问合理设计教学重点。在写作教学中，我们应重点关注对学生否定意识的培养，包括对教学内容和写作理论的质疑，以及对观念的否定等。这样，我们可以逐渐将学生的独立倾向培养成一种珍贵的品质。此外，我们需要鼓励学生提出自己的想法，促使学生从新颖的角度对文章进行分析。然而，在当前的写作教学中，学生的写作往往变得概念化、公式化，导致学生无法运用自己的独特观点进行写作，进而影响写作质量。因此，在教学活动中，我们应该注重加大对学生独立思考能力的培养。教师应在明确课程整体规划的基础上,利用多样化教学方法来激发学生的思考积极性,避免学生利用固定写作模板完成写作训练。同时,我们应该引导学生及时提出自己的观点,从而引导他们将创新思维运用到写作实践中,增强他们的独立自主精神。

2. 提供开放的写作环境

在对大学语文写作特性进行研究时,特别是在教师进行写作教学的过程中,需要强调培养学生独立思考和自主创新的精神。这需要我们深入理解学生的心理变化特点,然后据此提供相应的教学内容和方案,以提高语文写作的教学效果。为了满足高效完成教学任务的要求,我们需要提供一个开放自由的写作环境,以激发学生的写作热情。

任何事物的形成和发展都离不开外部环境的影响。对于创新思维的培养来说,提供一个自由、开放的学习环境是至关重要的。在这样的环境下,学生可以快速吸收写作知识和信息,激发大脑的思维活动,从而培养出创造性的写作思维。这为写作实践的顺利进行打下了坚实的基础。

大学语文写作教学本身就为创造这样的学习环境提供了有利条件。我们可以通过组织各种形式的教学活动,如职业生活体验、假期实践、文化考察课、社会调查等,为学生提供多样化的学习体验。这些活动可以为学生提供广阔的创新空间,促进他们运用创新思维进行写作。

具体来说,写作实践涉及多种能力的应用。提升学生的写作能力不仅可以进一步培养他们的独立思考和自主创新精神,而且还可以严格要求他们的写作质量。这样,他们就能借助丰富的写作素材,创作出体现创新精神的作品,从而培养出实事求是的文风。这是我们在进行写作教学时需要重点关注的内容,也是提高学生语文素养的关键。

第二节 大学生写作规律及心理特点

一、大学生写作的一般规律

写作是一个人思维的外在表现,不同文化背景的人有其不同的风格特征,这里指的是写作行为的共同规律,概括而言,大学生写作规律主要体现在以下方面:

一是语言和思维的协调运用。写作具有实践性特点,这一特点决定写作通过语言文字完成,即需要在实践活动开展过程中实现思维结果向物化的转移,从写作欲望到布局构思到句式、词语的选择直至完成创作的整个过程都离不开思维的运用。文章内容中条理性的体现关键在于看写作主体是否具备有条理的思维逻辑,只有在确保思维清晰的条件下,才能保证文章语序的规律性,得到高品质的创作作品。语言运用的好坏,一定程度上由写作主体思维能力强弱来决定,与语言结构规律性的体现联系不大,需要在保证思维清晰的情况下,按照语言运用规则来完成写作。因此,在学生进行语文写作时,势必要遵循语言与思维协调运用的规律,语言作为信息的载体,在传达信息时,要做好信息的加工和处理工作,这一过程主要借助思维的运用来完成的,可以说,思维在语言表达上起到主导作用,要注重思维在语言运用效果上的决定作用。

二是在实际写作过程中,必须遵循四体相继相成的规律。这一规律指的是在写作主体进行创作时,必须兼顾"四体"(主体、客体、载体、受体)中的每一元素。任何一环的疏忽或不当运用,都可能导致写作行为的断裂。因此,明确写作主体、写作内容、写作技巧的运用以及写作面向对象,是保证写作过程顺利开展的关键。写作主体，即处于写作状态下的个体，会受到客观因素的影响而产生写作欲望，进而付诸实践。在这个过程中，写作主体的感受、行为等与其他常态个体有显著差异。对于学生而言，成为写作主体后，他们对周边事物的敏感度会增加，更愿意融入情感来提升作品层次，以引发读者的共鸣。写作客体是描述的对象，通常与写作主体存在某种联系。它涵盖了精神世界和物质世界的各个方面，是多样化的。创作者需要根据写作需求，从客观事物中收集相关信息。写作载体是进行写作的工具，包括语言文字符号以及由这些符号和写作结构结合而成的作品，可看作一个系统，由主题、材料、语言等多个基本要素组成。写作受体是写作行为的接受对象，即文章的读者。他们通过阅读文章来接收信息，需要经历认识文字、转换文字信息等过程。因此，写作受体在接收信息时，主要依赖于对语言符号的认识。为了确保写作活动的成功，我们需要深入理解这四个要素，并在明确写作主题的前提下，创作出高质量的文章。这是学生进行写作实践时应严格遵循的规律，以避免写作行为的断裂，从而提升他们的写作能力。

三是知行融会贯通的规律。知与行的融合是创新的重要基础，创作者要在明确认识融会贯通道理的基础上，处理好借鉴、创造之间的关系，对文章质量的提高有重要意义。借鉴已有的优质文章，在吸取其中优点的同时加入创造性内容，是提高写作水平的关键，利用先进的写作经验，来指导大学生写作实践，可保证写作行为活动的有序开展，同时在已经掌握一定理论知识的情况下，需要通过不断实践，来实现理论的消化和吸收。在实践基础上，理论知识可无限发展，学生写作能力便是在反复认识和实践中提高的。写作要做到继承和借鉴，同时离不开革新和创造，因此，大学生在进行写作时，要确保知行的融会贯通，进而在对写作规律有明确认识的情况下，保证写作行为活动的顺利进行。

二、大学生写作的心理特点

（一）独立性

在对大学生写作心理特点进行分析时，我们发现主要体现出独立性特点，这与大学生心理变化有关。随着大学生独立倾向的凸显，他们更倾向于在写作过程中，独立完成审题、素材收集和整理等，进而达到预期的写作效果。学生在写作时体现出的独立性心理特点，对学生写作水平的提高有积极意义，教师在写作教学过程中，要注重对学生写作独立性的培养，从而提高学生写作意志。

在日常的写作教学中，教师应引导学生明确写作目的及意义，促使学生对写作有充分认识，并能在此基础上确保学生写作行为的规范性。大多数学生在进行写作时，通常存在独断性和盲目性的问题，主要体现在容易受到外界因素干扰，导致学生写作目的容易被改变，缺少写作原则。并且写作独断性还体现在学生在没有充分把握写作规律时，对教师指导意见重视程度不够，容易造成写作大方向出现偏差。

针对上述问题，教师在制定教学方案和教学内容时，要优先考虑学生写作时独立性这一心理特点，做适当引导，进一步提高学生写作水平。学生独立性心理特点应主要体现在选材与立意等方面，如果引导得当，能做到结合自身意愿来独立完成，加强学生在抵制外界因素干扰方面的能力，以确保写作行为活动的顺利开展。

（二）求异性

大学生在进行写作实践时，还体现出求异性的心理特点，主要体现在学生为了突出文章新颖程度，在素材选择和写作技巧运用等方面与他人不同。学生写作时的心理特点主要与学生心理变化有关，相较于高中阶段的写作而言，大学生写作更多借助理性思维，通过特殊的写作素材，来吸引受众阅读文章。为了尊重学生求异性这一心理特点，在实际写作教学时，教师应鼓励学生将创新思维与写作融合起来，利用生活资源作为写作基本条件，并通过观察来获取较多写作素材。只有在对生活实际进行观察及感受的情况下，才能保证文章写作与生活经验的有机结合。因此，注重对学生写作创造力的培养，是确保学生文章体现独特鉴赏价值的关键。

（三）理智性

除了上述写作心理特点外，大学生在写作实践中还表现出明显的理智性心理特点，如学生在收集写作素材后，将根据素材提供的信息，按照一定的写作原则进行创作，在整个写作过程中，能明显感受学生严谨性和理智性的特点，从而提高文章借鉴价值。因此，教学实践中，要加强对学生写作原则、写作活动流程等方面的教育，促使学生能在基于大量素材的条件下，合理选择写作手段，确保文章具有较高参考价值。另外，学生理智性写作特点对教学内容的设计也有一定影响，因此，需要教师能选择内容精练的优质文章，通过鼓励学生学习其中的写作策略等，促使学生能凭借写作方法和技巧，将理性思维充分体现在文章内容中，进而创作高质量的文章。

第三节　提高大学生写作能力的基本途径

一、提高认知能力

（一）提高学生的抽象及概括能力

对学生写作技能的培养，应以抽象及概括能力为核心，进而提升学生的认知能力。这是因为理性思维能力的基石是抽象及概括能力，而抽象思维在发展学生写作技能方面起着引领作用。因此，为了加强对学生认知能力的培养，有必要从提高其抽象及概括能力这一角度出发，以充分发挥大学写作教学在培养优秀人才方面的作用。人们通过思维来开展各种工作，并通过抽象和概括，揭示写作内容的实质和多个要素间的规律性关系。不同写作主体的抽象及概括能力存在差异，这决定了创作出的文章在层次和精确度上的不同。从这一角度来看，个体的抽象及概括能力直接决定文章质量，需要在确保抽象及概括过程有效开展的基础上，为写作实践的开展奠定基础。为了培养学生的抽象及概括能力，我们需要引导他们学会深入分析问题，把握事物的本质和规律，从而在写作中更准确地表达自己的思想和观点。同时，我们还需要注重培养学生的创新思维和批判性思维，鼓励他们勇于挑战传统观念，提出新的见解和思考方式。

（二）正确处理理论、实践及发展的关系

写作的过程是一个不断深化的过程，它从对写作的初步了解开始，逐渐发展到对写作的实际应用。这就需要教师在充分理解写作教学实质的基础上，帮助学生掌握相关的写作知识，并将其应用到实际的写作实践中。在这个过程中，学生的认知能力得到了提升。当学生在学习知识时，他们通常会经历一个从理解到掌握的过程。将理论知识应用到实践中，可以有效地提高学生的认知水平，帮助他们更好地理解和把握写作素材。通过整合各种写作素材，学生可以为顺利开展写作活动奠定基础。学生的认知能力可以理解为对写作本质的理解和对素材的处理能力等。只有当理论教学和实践教学相结合时，才能充分发挥写作教学的功能，进而提升学生的认知能力。在写作教学中，教师可以从认识理解、拓展应用等方面入手，确保学生对写作活动的要求有基本的了解，并根据相关要求进行写作。通过明确写作的原则和规范，学生在不断的实践中可以实现自己写作认知能力的提升。只有这样，他们才能真正掌握写作的精髓，写出更加优秀的作品。

二、锻炼表达能力

（一）作文主题贴近学生生活实际

为了提高学生表达能力，应确保写作训练能激发学生写作欲望，进而促使学生积极参与到写作教学活动中。写作训练是针对某一具体作文主题开展的，需要确保作文主题的选择与学生生活实际联系紧密，从而方便学生写作素材的积累，并且有利于激发学生写作兴趣。大学生已经积累了一定量的写作知识，大学时期的写作能力培养应主要通过提高其理性思维能力、创造能力以及认知能力和表达能力来实现，写作本身是一种实践性较强的行为活动，需要借助语言文字的载体作用来实现文章内容及情感的精准表达。在写作主题布置上要满足大学生写作训练需求，尽可能通过写作主题的合理选择来调动学生写作欲望，从而在实践过程中提升其语言表达能力。例如，教师可针对学生关注的社会热点问题，如共享单车大量报废等，组织开展相应的学术讨论。在讨论中，各种观点相互碰撞，使学生能够在吸收多种观点的基础上，逐渐完善自己的理论体系。随后，要求学生以这一主题为写作内容，运用所学的理论知识进行文章创作。这样既能够保证学生在清晰的思路下有条不紊地进行写作，确保文章的质量和可信度，也有助于提升学生的语言表达能力。

（二）设计适当的写作情境

为了获取较好的写作教学效果，还应在写作教学课堂中营造适当的教学情境，即通过对目标事物进行形象化描述，促使学生在适宜的环境气氛下，运用自身情感和思维，实现文章内在情感的充分表达，并提高文章质量。通过环境的设置，能使得学生产生融入其中的真实情感，能更好地感悟文章主题，进而在明确文章主旨的基础上，运用语言文字将其表达出来，同样能起到提升学生表达能力的目的。例如，教师在开展写作教学活动时，大多数教师会精心营造与教学内容相匹配的写作氛围。通过组织辩论和演讲等活动,他们能够引领学生迅速融入课堂教学,从而深化学生对文章主题的理解。在这个过程中,教师会引导学生从多个角度阐述观点,借助语言文字符号和相关文章结构来展现文章主题。这无疑要求学生具备一定的表达能力。在写作实践中,教师应注重提高学生的表达能力,并将其作为写作训练的主要目标。通过激发学生的写作训练积极性,并在适当的写作情境中引发学生情感上的共鸣,进而提升学生的表达能力。

三、问题发现能力

(一)克服观念障碍

为了提高学生的写作能力,有必要从学生问题发现能力这一角度出发,通过加大对这一能力的培养,来提高学生的写作技能。在实际写作教学时,要求教师能及时转变教学观念,不仅注重对学生知识的传授,还要培养学生发现问题的意识,使得学生真正认识发现问题这一能力在写作能力提升上的重要意义。目前,还有部分教师在学生问题发现能力培养上存在不足,这主要是由于受到传统观念的影响,但是需要注意的是,大多数学生都具备发现问题的潜能,需要通过设计符合学生能力发展的教学内容,进一步促进学生良性发展。例如,教师在讲解某一写作主题时,可以鼓励学生提出质疑,通过讨论深入探讨涉及的问题,包括写作角度、素材和方法等。这种教学方式可以激发学生的写作兴趣,提高他们的思维能力。教师应该有意识地引导学生进行发现问题方面的训练,通过实践活动,学生能够深入发现问题的本质,从而在问题的引导下创作出更高水平的文章。总的来说,发现问题这一能力对学生写作技能的整体提升起到重要作用,需要在教师教育观念及时转变的基础上,加大对学生发现问题意识的培养,以便真正实现学生这一技能的提升。

（二）提高学生知识积累

为了提高学生问题发现能力，要保证学生具备一定的知识储备量。教师应在丰富学生知识体系上投入较多精力，通过为学生提供多样化的写作教学内容，促使学生获得完善的写作知识体系。对于问题发现能力来讲，主要是通过思维的形式展现出来，但是这一能力的体现需要依靠扎实的基础知识，从而确保发现的问题是有价值的。有研究者指出，知识量与创造积极性之间存在密切关联。个体的创造能力可以在较小信息量的条件下产生，也可以在充分的信息资源下产生。然而，随着信息规模的扩大，以信息为基础得到的创造性成果将具有更大的现实性和参考价值。由此可见，知识与信息的不断增多是创造的前提，同样是发现问题的根本条件。在写作教学过程中，要逐步增加知识涉及范围以及知识获取难度，从而为学生发现问题能力的提升奠定基础。对于大学生来讲，他们已经接触过多种类型的写作素材，基本实现了写作知识量的有效积累，但是还需要在这个基础上不断吸收新的信息资源。教师在帮助学生积累知识的同时，还要注重知识质量的提高，即在掌握一定数量知识的前提下，做到知识组织体系的完善，例如，教师在进行写作教学时，通常会对某一特定主题进行深入的知识总结，以确保知识内容的有机整合。在这个过程中，教师还需要注重不同类型知识之间的紧密联系，以构建一个有序、和谐且结构完善的写作知识体系。这样的知识储备为学生提供了坚实的写作基础，使他们能够在掌握一定知识后，进一步深化对问题的思考，提升写作的深度和难度。通过这种方式，学生的写作能力得到了全面的提升和拓展。

四、提升审美能力

（一）在确定文章主题时提升审美能力

在写作教学中对学生审美能力进行培养时，需要在其确定写作主题的过程中加大对这一能力的培养力度。文章主题指的是作者在写作时运用多种材料来呈现出的中心思想，通常贯穿在文章全部内容中，明确体现作者意图。通过对文章主题的分析，能了解作者在文章中表达出的对客观事物的认识和理解等，主题同样是文章信息的凝聚点，直接决定文章基调及情感。为了培养学生审美能力，教师应帮助学生在写作时确定积极向上、具有新意的主题，并在选材过程中提升学生对客观事物美的感知以及认知能力。在确定写作主题过程中，便是将作者自己情感取向融入其中，这就决定主题选择阶段与审美能力有一定联系，需要通过对这一过程进行适当指导，来达到提高学生审美能力的教学目标。在实际选择写作主题时，教师应以教材为主，为学生提供具体可感的材料，并从多种角度出发，将文章中的情感引进大学生写作实践中。为了引起学生和写作主题情感层面的共鸣，需要保证教学内容体现的思想情感水平和学生心理发展水平基本一致，以确保学生能获取较高程度的情感体验。

（二）在文章结构布局中提升审美能力

提高文章的整体审美价值，需要注重文章结构的合理设置，在实际写作时，需要保证文章结构体现出完整性以及连贯性，从而确保文章整体结构满足文章高质量的要求。同时通过对文章结构布局的深入教育，我们可以有效地提升学生在构建文章结构方面的审美能力，从而创作出更高质量的写作作品。从完整度的角度来看，文章的各个部分需要和谐统一，形成一个完整的整体。这需要我们遵循写作的基本原则，确保文章的局部与整体之间存在紧密的联系。对于不同类型的文本形式，如抒情文、说明文和应用文等，我们需要在情感起伏和写作格式上做到有效结合。例如，教师在进行文章结构讲解时，需要针对某一类型文章，对其前面的暗示内容，以及后面的说明内容等进行阐述，帮助学生形成完整写作结构的意识，使得文章整体连贯起来，达到整体结构的协调和完整。另外，从连贯性这一角度出发，只有在保证结构连贯性的条件下，才能确保文章结构是完整的。为了达到这一写作目的，要求文章能做到在意念上互相贯通，在表达形式上有效衔接，进而带给读者较好的阅读体验，文章结构的连贯性不应受文章内容的影响，需要通过利用理性思维，将文章涉及的材料信息以及观点等系统地表达出来。

（三）在语言运用中提升审美能力

写作是运用语言表达思维的过程，而"语言一半是事物的代名词，一半是精神情感的代名词，它是事物同精神之间的一种媒介体"。在写作教学中怎样提高学生语言运用能力是教学中的难点。从写作心理学、词汇学、美学等理论基础观照写作行为，需要从如下方面加以重视。

首先，要强化学生审美修养。中国自古就有"文以载道"的说法，这是文章写作的价值追求。刘勰在《文心雕龙·原道》篇中说："'文'的本质乃是'道之文'。"而"道"在儒道两家中的解释有一定区别，儒家的道是指社会政治理想，反映人的生存态度；道家的"道"是人对天地自然的认识而产生的人生观、社会观与自然观。虽然各自站在不同角度阐释道的内涵，但两者都离不开人的因素。写作是客观事物作用于人的主观感受的能动反映，"原天地之美达万物之理"，文章的好坏主要取决于"道"的高下，而"道"的高下又取决于作者心灵境界。作者心灵境界是对宇宙、人生哲学的思想认识深度和审美品位。提高写作审美品位首要的是消除功利，心无杂念。中国哲学的最高境界是"天人合一"，作为万物之一的人，当然也应该具备这样的本质。王维之所以能做到"诗中有画,画中有诗",正是因为他"胸次洒脱,中无障碍,如冰壶澄澈,水镜渊渟,洞鉴肌理,细观毫发,故落笔无尘俗之气,孰谓画诗非合辙也"。写作教学的目的就在于培养学生摆脱名利等各种杂念的羁绊束缚,以便精神的骏马自由驰骋在艺术天地。除此之外,还要加强艺术熏陶,大学写作教学离不开对语言艺术技巧的追求。只有置身于美文美言的熏陶感染中,人的心灵才能获得净化与升华。孔子曰"仁者乐山,智者乐水",审美和艺术在人们为达到"仁"的精神境界而进行的主观修养中能起到一种特殊的作用。因此,深情体验美文美语是大学写作教学不可或缺的途径。

其次,要增强语感,培养措辞技能。语感是对语言的一种直观感知,它涉及对词汇使用是否恰当、准确,以及表达方式是否得体、是否令人愉悦的判断。而措辞的技能则是在写作过程中,将语感和思维能力综合运用,以达到准确、生动、有力地表达思想的目的。语感的培养在传统的教学中积累了丰富的经验,主要体现在三个方面。一是多读多练,这是最为常见的语感培养方法。"书读百遍,其义自见""熟读唐诗三百首,不会作诗也会吟""善读者,始熟读而明其章句,继融会而究其意蕴"等正是古人读书的经验之说。二是品味语言,理解字词的深情意味,懂得赏析。韩愈在《答尉迟生书》中说:"辞不足不可以成文。"一个人所掌握的词汇量与他的写作智商是成正比关系的。所以要经常留心自己的语言,经常观摩别人的口头语和书面语,这是增强语感力的又一途径。三是善于运用语言。生活与实践是语言发展和创新的源泉,生活的丰富多彩,不断变化,提供语言实践的无限空间,生活中的语言也是最丰富、最鲜活的,而且生活中的语言最能及时敏捷地反映时代文化,一个优秀的作家之所以能写出经典作品,就在于他有丰富的生活体验与语言技巧。尤其是当今全球化的进程中,民族语言的国际化趋势越来越明显,大学语文写作教学中重视语言的积累义不容辞。

五、加强交流与沟通

（一）情境创设策略

　　交流及沟通能力是写作能力中的重要组成部分，通过加大对学生交流及沟通能力的培养，可进一步促进学生写作能力的提升。在实际写作教学中，可采取情境创设这一策略，以便为学生营造教学情境，促使他们能基于交际语境来进行写作实践。大学生已经具备了一定的写作知识和经验，还需要在这个基础上，加大对他们抽象概括能力的培养。出现写作实践中偏题现象的主要原因在于，学生没有做到将写作主题和生活情境结合起来，由于对文章语境掌握不足，导致文章质量低下。因此，教师应注重教学情境的营造，通过为学生提供交流沟通的平台，不仅有利于学生对文章内涵的掌握，还能促进学生交流沟通能力的提高。通过情境创设策略的实施，可为写作教学的开展提供有效途径，提升学生写作技能。

（二）目标导向策略

　　目标导向策略是一种基于交际语境的写作方法，它强调在写作过程中要有明确的目的。交际是实现这一目的的重要手段，而写作则是解决特定问题的关键步骤。在大学写作教学中，我们越来越重视培养学生的交流和沟通能力，希望通过提高学生的这些能力，使他们的写作实践活动更加顺利。沟通与交流能力在一定程度上反映了学生的思维能力和交际能力，对最终的写作效果有着直接的影响。因此，我们有必要通过教学策略的实施，促进学生综合能力的全面发展。而目标导向策略在语文写作教学中的运用，能够有效地实现上述教学目标。例如，教师可以通过明确写作目的，引导学生认识到写作教学主要是为了交际而进行的。这需要学生真正认识写作的本质，树立交际意识，并利用自身的交流与沟通能力来达到写作目的，发挥文章的信息传递作用。在设定教学方向时,我们应该保证教学实践围绕社会交际展开,以符合学生提高交际能力的发展需求。这是目标导向策略法在提高教学质量上的积极体现,从而在学生具备较高交流沟通能力的基础上,提高学生的整体写作水平。

第七章　大学语文素养系统

第一节　语文素养系统的构成

一、语文素养的内涵、层级和维度

在我国语文教育界，对语文教育的目标或者说是语文教育的核心，有几个习惯的提法，即语文能力说、语文技能说、语文素质说和语文素养说。2003年颁布的《普通高中语文课程标准（实验）》指出："高中语文课程应帮助学生获得较为全面的语文素养，在继续发展和不断提高的过程中有效地发挥作用，以适应未来学习、生活和工作的需要。语文课程必须充分发挥自身的优势，弘扬和培育民族精神，使学生受到优秀文化的熏陶，塑造热爱祖国和中华文明、献身人类进步事业的精神品格，形成健康美好的情感和奋发向上的人生态度；应增进课程内容与学生成长的联系，引导学生积极参与实践活动，学习认识自然、认识社会、认识自我、规划人生，实现本课程在促进人的全面发展方面的价值追求。"语文素养的提出，标志着我国语文教育界对语文学科的性质、地位、目标和方法进行全面反思之后进入了一个新的认识阶段。

由于国家迄今还没有制定大学语文课程标准，许多开设大学语文课的学校自己编写的教学大纲通常用"进一步提高学生的语文素养"来表述。高中语文课程标准对语文素养的阐述全面、深刻，已经具有相当的高度。大学语文的"进一步"意味着在高中基础上进一步拓宽和加深。大学语文更加注重创造能力的培养、人文精神的熏陶和完美人格的养育。大学语文作为一种精心策划组织的课程，它的最高目标是在我国和世界进步文化的涵泳中孕育成熟大学生的独立人格和自由精神。

语文素养是一种以语文知识为基础，以语文能力为表现形式，以人文素养为灵魂的包括众多语文要素在内的认知功能的运动系统。如果把语文素养的构成要素归纳一下，大致有以下十一个方面的内容：字词句段篇的积累；语感；思维；识字写字、阅读、写作、口语交际的能力；语文学习的方法和习惯；知识视野；文化品位；审美情趣；情感态度；思想观念；个性和人格。

语文素养从外至内可以分为四个层级：第一个层级，听说读写。第二个层级，语文知识、言语技能、语文感觉和语文思维。第三个层级，语文的动机、情感和态度、语文习惯和语文行为的意志。第四个层级，言语主体的思想品德修养、文化知识积累、智力水平、人格个性以及具体的言语环境等。

第一个层级是显性的言语行为，表现为言语的实践能力，是主体参与生活、作用于客体的重要手段。第二个层级是支配听说读写行为的智能因素，它制约着显性言语行为的质地和速度。第三个层级是极为潜在的心理因素，它们参与和支配言语实践，为言语实践提供动力支持，是言语实践取得成效的保证，同时也影响着言语成果的质量。第四个层级是言语行为的背景，这是一个人长期文化生活的积淀，其中的言语环境对这种积淀产生一种刺激和召唤。这个层级是语文素养中的最高层次，它既是稳定的，又是在言语过程中发展的；既是在言语行为中随时显露出来的，又是相当持久的。

这四个层级清晰地揭示了语文素养存在的不同状态：有显性的，更多的是隐性的。有的已内化为人格修养，融入人的生命之中，有的则外化为支持人的言语行为的技能。

语文素养是一个具有强大生产能力的完整的系统，它深刻地反映了人的整体性。语文教育就是培养和发展学生的语文素养，学生语文素养的提高，标志着他们生命层次的提升。由此，最终达到适应生存和创造性生活的境界。

语文素养各要素是在三个维度上展开的，即知识和能力、过程和方法、情感态度和价值观。

字词句段篇的积累、知识视野，是属于知识的范畴；语感、思维、识字写字、阅读、写作、口语交际表现为能力。语文学习的方法和习惯属于过程、方法的范畴。文化品位、审美情趣、情感态度、思想观念和个性人格则是情感态度和价值观的体现。

知识和能力是奠基性的，是语文学科质的规定性得以存在、显现的基础，也是语文学科得以发展的依托。过程和方法是知识和能力、情感态度和价值观得以实现的手段、途径。情感和价值观既是语文学科教育的重要目标，又是实现知识和能力、过程和方法目标的动力。

这三个维度的内容并不是像积木一样一层层搭起来的，而是相互渗透，融为一体。各个维度的要素之间相互作用，相互制约，一个维度内容的缺乏将导致其他维度内容的崩溃。

二、大学语文素养系统的特征

跟中小学语文相比，大学语文素养系统有自己鲜明的独特性，它更广泛，更博大，更深邃。大学语文系统的存在是客观事实，但人们从系统的角度对它的研究还比较少，而静止、孤立、局部地观察大学语文系统，必然导致认识的偏斜和谬误，不能正确认识大学语文系统的结构和功能，也必然找不到大学语文教育的正确路径。我们运用系统论的观点来对它做出多角度的分析，以求全面、深刻地理解它，准确、高效地运用它。

系统是普遍存在的。在宇宙间，从基本粒子到河外星系，从人类社会到人的思维，从无机界到有机界，从自然科学到社会科学，系统无所不在。英文中的系统（system）一词来源于古代希腊文，意为部分组成的整体。一般系统论创始人路德维希·冯·贝塔朗菲认为："系统是相互联系相互作用的诸元素的综合体。"他强调元素间的相互作用以及系统对元素的整合作用。

我们先从一般系统的特性来认识大学语文素养系统的结构和功能。

系统具有多元性。多元性是指系统是由两个以上的元素构成的多样性的统一体，越是复杂的系统，构成元素越多，而且差异越大。大学语文是一个由众多元素构成的结构复杂、规模庞大的系统。从语文学科的角度考察，它是由知识和能力、过程和方法、感情态度和价值观三个维度的元素构成的。从语文结构功能的角度考察，它是由语言、文化、生命和世界四个子系统构成的。作为大学语文构成的每一种元素也都不是单一的结构。它们又由许多元素构成而且自成系统。只不过它们是以这个系统中的一部分元素参与到语文素养系统中。

系统具有关联性。系统不存在孤立元素组分，所有元素或组分之间相互依存、相互作用、相互制约。系统的规律也必定要通过要素之间的关系体现出来。存在于整体中的要素都必定具有构成整体的相互关联的内在根据。要素只有在整体中才能体现其要素的意义。语文素养系统中的各种元素相互作用，共同发挥语文的功能。任何元素一旦疏离语文素养系统，都必将导致语文整体功能的减损。语文素养系统的功能决定于系统中最不活跃的那种元素，而不决定于最活跃的元素，这种状况跟"木桶理论"极为相似。

系统具有整体性。系统是所有存在差异的元素共同构成的复合统一整体。系统所具有的整体性是在一定组织结构基础上的整体性。要素以一定方式相互联系、相互作用而形成一定的结构，才具备系统的整体性。系统是从整体与要素、层次、结构、环境的关系上来揭示整体性特征的。系统的整体性是由各构成元素的性质及其之间的关系决定的。一个充满活力的系统的各元素必然表现为某种有序状态，而且这种有序状态必定是有一定方向的。也就是说，语文素养系统的整体性是跟它的有序性和方向性紧密相连的。语文素养系统的秩序是人的认知规律。语文活动是一种认知实践。众多的语文元素在认知实践中遵从认知规律并在认识过程中发挥各自的作用。语文素养系统的方向是认知过程中的价值取向。语文活动总是沿着人的理想、情绪等精神追求的方向前进。语文的方向就是生命的方向。

再进一步，语文系统还具有生态系统的性质，属于典型的耗散结构。

在自然界，任何生物群落都不是孤立存在的。它们总是通过能量和物质的交换与其生存环境不可分割地相互联系、相互作用着，共同形成统一的整体。这样的整体就是生态系统。任何一个能够维持其机能正常运转的生态系统都必须与外界进行能量的交换，其行为经常受到外部环境的影响，所以它是一个开放系统。任何生态系统及其各种组分都具有能量流动、物质循环和信息传递三大功能特征。

大学语文教育系统具有生态系统的显著特征。它由三个生态圈构成：微观的生态圈由听、说、读、写四种组分构成；中观的生态圈由知识和技能、过程和方法、感情态度和价值观三个组分构成；宏观的生态圈由语言、文化、生命、世界四种组分构成。每一个生态圈的构成元素都具有生物界生态圈的一般特征。生物界生态圈各元素的能量通过一系列的取食和被取食关系在生态系统中传递。一个无形的食物网把所有生物都包括在内，使它们有着直接或间接的联系，构成一种相互依赖、错综复杂的食物网链。大学语文生态系统又具有不同于生物界的特性。生物之间的营养和能量是单方向传递的，老虎可以捕食山羊而山羊绝不可能捕食老虎，而语文各组分间的营养和能量是双向传递的。物种间常因利用同一资源而发生竞争，而语文组分之间的关系不是自然界的竞争而是互利共生，而且各组分同时具有生产、消费和分解三种功能。这并不是说每一个组分自身是生产者、消费者和分解者的封闭的内循环，恰恰相反，它们都是开放的和耗散的。语文素养系统不是生物圈的金字塔结构，而是呈双向奔流的环状分布。

我们以宏观的语文生态圈为例来说明语文的功能结构。语文生态系统包括语言、文化、生命和世界四种组分。语言是人认知实践的结晶，是文化的重要组成部分。虽然语言中包含着已经揭示的事物的特性以及主体的认知智慧，人们可以凭借语言认识世界，但是，任何富有创造性的言语活动的内容、动力和目标，都跟言语主体的生命质量紧密相关。没有生命的赋予，语言可能只是一堆前人剩下的空壳。刘禹锡身居陋室却高贵无比的心灵，杜甫长夜沾湿却想大庇天下的人道主义情怀，李白天子呼来不上船的傲骨和飘逸，以及王勃"穷且益坚，不坠青云之志"，柳宗元"士穷乃见节义"，范仲淹"先天下之忧而忧，后天下之乐而乐"，周敦颐"出淤泥而不染，濯清涟而不妖"等伟大的人格和高尚的情操。正是他们高贵精神和博大温暖的情怀，才使他们的文章闪烁着千古不灭的光辉。人的生命跟自我个性有关，但它的根须又深深地扎入一定的文化中。古人讲要读万卷书，行万里路，主张广泛深入地了解世界、体验社会、感受人生，这实在是对语文生态系统的功能的切中肯綮的把握。

大学语文教育系统的功能是由系统各组分共同决定的，其中的一个甚至几个组分并不能决定系统整体的功能。在语文生态系统中，言语行为并不是自主的而是有系统的生命感情和价值系统指挥的。语文的生态失衡是一种或一种组分萎缩，会导致整个系统功能的萎缩。语文素养系统的动力源是人的价值追求。

语文素养系统的内部结构属于耗散结构。它结构的状况决定着这个系统功能的发挥。结构的畸形、混乱将导致系统功能的减弱。结构状态的合理性是系统功能实现的内在依据或方式。语文素养系统具有相关性、开放性和动态性特征：

语文素养系统内部各因素的相关性是由耗散结构的非线性决定的，是指语文素养系统内部结构的各要素不是以一种线性状态存在的，也不能各自独立地发挥作用，而是各个要素相互影响，相互制约，一要素增强或减退，将导致另外一个或几个相关要素的增强或减退，从而影响系统整体功能的发挥。语文知识积累的增多，将使阅读能力增强；阅读能力增强将有利于培养写作能力。反之亦然。良好的情感态度和价值观将给知识注入生命活力。语文能力、生命意志、言语成果等要素是相辅相成的，其条件关系、因果关系十分紧密，且又往往产生转化和迁移。语文知识和语文能力具有基础性，它是显性的材料和工具。过程和方法处于中间的位置，它是知识和能力与情感态度和价值观连接的桥梁，它的状态是以语文要素的流动方式呈现的。而情感态度和价值观是前两个层次的动力和内容源泉。离开了这一层次，前两个层次将会瘫痪，而离开了前两个层次，它将无以表达和实现，从而沦为虚无。但是，当这些要素存在于一个人的身上时，它是综合的、交融的。

　　开放是耗散结构获得活力的必要条件。语文素养系统的开放是它获得生命的基本保障。一个封闭的系统将因为熵增引起结构老化，导致功能衰退。必须引进负熵才能激活结构，恢复和发展系统的功能。所以开放的系统必须与外界不断进行物质、能量、信息的交换运动。对语文素养系统来说，要充分开放边界，不断引进大量的新鲜的语文材料，特别是引进一些异质的语文材料，对系统的原有结构产生冲击，从而实现语文素养结构的进化。语文学习中和现实生活密切联系的观点、综合性学习的观点，就是语文素养系统开放性的要求和体现。我们不能指望在封闭的状态下来培养学生的语文能力。

　　系统的进化过程就是一系列的各种动态的平衡过程。这种动态平衡的演化导致水平愈来愈高的复杂组织的出现。平衡是相对的，运动是绝对的。实现动态平衡的条件是系统与外界环境中物质能量和信息的交换。语文素养系统中，知识的不断积累，价值观层次的不断提升，会促进系统向更高的水平的演化。语文素养的各要素也只有在动态平衡的过程中才能表现出来,就是说,语文素养系统的价值是在运动中实现的。语文教学过程中要有意识地远离平衡状态,使知识、能力、思想、人格之间产生相干效应,实现个别要素的涨落,从而使语文素养的内部结构开始一个新的动态平衡的过程。

由于语文素养系统的相关性、开放性和动态性,使得这个系统必然具有发展的功能和实践的要求。发展的功能有两种含义:一是指语文素养系统内部各要素的发展;二是指由此而实现人的发展。人的发展是通过语文素养的发展而实现的,反过来,人的发展又促进了语文素养的发展。这二者本来就是一个不可分割的整体。因此,"语文课程应致力于学生语文素养的形成与发展。语文素养是学生学好其他课程的基础,也是学生全面发展和终身发展的基础。""语文是实践性很强的课程,应着重培养学生的语文实践能力,而培养这种能力的主要途径也应是语文实践,不宜刻意追求语文知识的系统和完整。""应该让学生更多地直接接触语文材料,在大量的语文实践中掌握运用语文的规律。"要"倡导自主、合作、探究的学习方式"。语文素养的进化是通过和外部环境信息的交流而实现的。语文如果离开了外部环境信息的支持,它内部的结构将失去活力,其功能将日益减退甚至丧失。

第二节 语文素养系统要素分析

语文感觉、语文能力和语文思维是语文素养系统中的三个关键概念,它们都属于"能力"的层次,在系统中居于核心和枢纽的地位。这三个概念既分别独立又互相交叉。大致说来,语文能力居于显性的外层,它可以物化出来;语文感觉居于隐性的中间层次,联结语文能力和语文思维;而语文思维则处于最隐蔽的深层,为语文感觉和语文能力提供动力,并通过它们来体现。语文品质、语文精神和语文方法则是属于"态度和价值观"的层次,可以认为是语文素养的根系。它们隐蔽地存在于语文素养系统中,又对语文能力发挥着主导作用,它们根植于人的生命深处,在内为人的魂魄,在外为人的处世态度。语文感觉、语文能力和语文思维,语文品质、语文精神和语文方法共同构成一个人的语文态度。一个人的语文态度和他的生命态度相融合,相消长。

一、语文感觉

语文感觉通常简称为语感。在语文教育史上,语感是在20世纪20年代提出来的,以后不断有人对它加以阐发,但直到90年代才由于对语文教育现状的反思而引起广泛的共鸣,从而成为一个理论和实践的热点话题。虽然如此,人们对语感内涵的揭示还是不能统一。例如:"语感是一种文学修养,是在长期的规范的语言运用和语言训练中养成的一种带有浓重经验色彩的比较直接、迅速地感悟、领会语言文字的能力。""语感是感性和理性相统一的一种悟性。""语感是对言语对象的直觉感知和直觉判断。"还有的认为"语感就是对语言直觉地感知、领悟、把握的能力,即对语言的敏感,是人于感知的刹那在不假思索的情况下表象、联想、想象、理解、情感等主动自觉地联翩而至这样一种心理现象。"这些看法分别从不同的侧面揭示了语感的特征。

其实,语文教育界的先辈们对语感已做过非常通俗明了的解释。夏丏尊说:"一般做教师的,特别是国文科教师,对于普通文字应该比学生有正确丰富的了解力。换句话说,对于文字应有灵敏的感觉。姑且叫这感觉为'语感'。"语感就是对言语正确丰富的了解力和灵敏的感觉力。"正确""丰富""灵敏"三个词准确地揭示出了语感的特征。接着他又举例加以说明:"在语感敏锐的人的心里,'赤'不但只解作红色,'夜'不但只解作昼的反对吧。'田园'不但只解作种菜的地方,'春雨'不但只解作春天的雨吧。见了'新绿'二字，就会感到希望焕然的造化之工、少年的气概等等说不尽的情趣。见了'落叶'二字，就会感到无常、寂寥等等说不尽的诗味吧。真的生活在此，真的文学也在此。"这里主要解说的是语感的丰富性，当然正确在其中，灵敏也在其中。对内容的丰富了解，得益于丰富的想象力，而丰富的想象力又源自主体丰厚的文化积淀。我国的文化传统源远流长，在长期的使用过程中，每个词语都浸润承载了丰富多彩的民族生活和感情的内涵，反映了民族的心理和意志。一见"杨柳依依"，便心生惜别之意，一见"雨雪霏霏"，就觉得路途多舛。一些平常的事物因文化的负载而具有诸多的象征意义。人们在阅读的时候，对言语的敏感也就是对言语的多重意义联想的能力，此一义彼一义，实义虚义，近义远义，都一齐来在心头，如此，便对作品有了一个透彻的了解。夏丏尊的这段话不仅说明了语感是什么，而且也指出了培养语感的途径。一个对文化传统不甚了解的人，是很难建立起语感来的。

叶圣陶从另一个方面阐明了语感的又一特征。他说："不了解一个字一个词的意义和情味，单靠翻查字典辞典是不够的。必须在日常生活中随时留意，得到真实的经验，于语言文字才会有正确丰富的了解力，换句话说，对于语言、文字才会有灵敏的感觉。这种感觉通常叫'语感'。""要求语感的敏锐，不能单从语言文字上揣摩，而要把生活经验联系到语言文字上去。"唯有经历过的、感觉到的才能更好地理解它，一个字一个词就是一幅画，一个句子一个段落就是一段生活，真切的生活感受联系到文字上，那文字就化成了心底的涛声。

人的经验有两个来源，一是直接经验，一是间接经验，现代人的间接经验往往远远大于直接经验。阅读是获得间接经验的重要途径。人的直接经验是酵母，间接经验在"酵母"的作用下发生变化，逐渐积淀为人的一种文化修养。

文化积淀之上的丰富联想和个体经验之上的积极参与，是产生良好语感的基础。在这个坚实的基础之上，我们认为语感就是对言语内容的敏锐的感受力。敏锐是说感受得快速和直接，整个心理过程是在一个瞬间完成的，显示出直觉的特征。感受包括领悟和体验、理解和同化，这几个不同的阅读层次和阶段，语感极强的人几乎能同时完成。

语感的心理过程极为灵动和微妙，把它放大后加以分析，会发现它具有三个特征：一是灵感性，二是无意识性，三是意象化。灵感性是指阅读过程中主体伴随着积极强烈的情感体验，这种情感体验的力量足以唤醒以表象的形式储存于记忆中的生活经验和文化积淀，它们像受到一种魔力的吸引而翩翩飞来。反过来，不期而遇的表象又推动情感体验进一步发展，二者相互作用而使阅读过程出现一个又一个的体验高潮。无意识性是指阅读过程中的主体和客体（作品以及作者）达到一种高度的融合和交流的状态，主客一体，物我两忘，"在这种境界中，主体扬弃了'执着'（即用意志动机制约身体运行的状态），从而使主体在无意、无为和自然的状态中实现对对象存在及其规律的豁然领悟"。意象化是说在阅读过程中，语感起于意象，也终于意象。起点的意象侧重于感性的形象，终点的意象侧重于意义化的形象，两个意象之间的跃进过程极为短暂，甚至可以忽略。理解和观照是在一瞬间自动完成的。这三个特点可以概括为语感的直觉性，这是语感的最根本心理特征。

从认识论的角度来说，人的认识过程一般是由感性到理性、由经验到思维的。一般的认识过程就终止在这个阶段，而语感却在这个基础上又回到感性和经验的层次上。这种回归是理性和思维的直觉：理性和思维的内容退隐到幕后，沉到了底层，成为一种蕴含在言语直觉背后的深层内容。语感之所以能在简明直接快捷的形式中凸显深刻丰富的意义建构，奥妙就在于此。这是在长期的言语实践中由生到熟，化繁为简，变客为主的必然结果。

有的人阅读、写作和口语交际，都可以做到正确、丰富、快速，好像不假思索，如有神助。这是因为他的语感能力很强。语感是一个完整的言语概念，它由许多具体的因素组成，也可以由不同的途径来培养。

语感可以分为语音感、语义感和语体感。语感的培养，在每一个具体的实践环节中可有所侧重。我国传统的语文教育十分重视语感的培养，积累了许多宝贵的经验。

语音感。这里说的语音不单指由声母韵母和声调构成的音节，还指语气语调以及语句的舒缓长短等，言语的声音是由所有这些因素共同构成的。声音是最能直接表达内容的物质形式，对语音的感觉是语感的第一步。

我国传统的诗论、词论推崇"沉郁"的风格，主张诗词要写得往复深沉，顿挫有致，以唤起读者内心深处的共鸣。小说叙述的快慢、疏密和虚实之间，常常暗含着情感上的节奏起伏。鲁迅的《狂人日记》，调子如急管繁弦，多用跳跃性短句作为狂人的内心独白，正好表现了狂人暴风雨般的愤激之情。《祝福》的调子徐缓低沉，像是为祥林嫂不幸的一生谱写的哀歌。《红楼梦》自第五十五回起，繁华将尽，变故迭生，日益显露出末世的光景，在全书结构上为一大转折。与此相适应，叙述的语调也从明朗从容转入悲戚忧伤。把握它的叙述语调所传达出来的情感氛围能够更好地理解这部伟大的作品。

培养语音感，主要靠诵读。古今学者都十分强调"因声求气"。周振甫认为："作者由气决定言之短长与声之高下；读者则由言之短长与声之高下中求气，得到了气，就能体会到作者写作时的感情。"刘大櫆竭力提倡诵读，他在《论文偶记》中说："（读古人书）烂熟后，我之神气即古人之神气，古人之音节都在我喉吻间，合我喉吻者，便是与古人神气音节相似处，久之自然铿锵发金石之声。"至今一些有眼光的语文教育家，也一再呼吁要重视对现代美文的"美读"。

诵读可以达到"心凝形释，冥合于言议之表"的境界，比"专以沉思力索为事者"的默读更能锻炼语感。长期的诵读，可以使人敏锐地感受音之开合缓急和意义之间的对应关系。

语法感。语法感是指不对句子作逻辑的语法分析而快速感知句子内容的能力，而且能够曲尽言外之意、文外之旨。汉语言不太注重法则逻辑，它的组合自由灵活，采用什么形式由具体的语境决定。词的活用、省略和倒置，再加上历代对含蓄简约的推崇，使得汉语言作品在形式之外往往留下了大片的"空白"，这就需要阅读者"以神遇而不以目视"，靠自己的经验积累和悟性来感受言语形式的意味。

语体感。语体也称作文体，任何文体都有自己的目的，这个目的又决定了它们各自所采用的不同的表达方法，不同文体的表达方法具有很大的差异。所以，语体感实际上也就是语境感，是对言语的目的、构成要素、使用的手法的敏锐感觉，是主体对某种特定文体的全部表现形式规范的领悟与把握。离开对一种文体内在语境的敏感，是不可能真正理解言语的，也不可能有效地运用语言来表达。实用文体的目的具体明确，是"实"的，言语准确明了。读和写这类文体往往是为了一个特定的目标。文学体裁的目的则往往是"虚"的，它指向人的心灵，作用于人的感悟，言语讲究形象含蓄和有韵味。同是文学作品的诗歌和小说也各有特点。诗主抒情，其手段是意象的运用。读诗需要解读意象的深层内蕴，写诗则要寄情于物，把意义（感情）化为形象。小说则是为了塑造人物的性格，展现人物的内心世界，一切景物、行为等描写都是为了达到这个目的。语体感是最靠近言语实际的一种心理特征。它的形成依赖于对文体特点的深刻理解和大量文体阅读的实践活动。

语义感是语感中最重要的部分，它居于语感结构的核心位置。语义感的基础是对字词的积累和对意象的积累，积累的量越大，沉淀越丰厚，语义感越敏锐越丰富。字词的积累除掌握它们的公共意义之外，要特别注重其个性化的部分，就是在具体的言语活动中作者所赋予的带有独特体验的含义。作品的"文外曲致""言外之意""情在言外"，大都是由词语的个性化所催生的。意象的积累就是把自己的经验（直接经验和间接经验）以表象的形式储存在自己的大脑中。作品是由语言构成的，而每一语言符号都指向特定的事物，代表一定的意义。"曰意、曰词、曰气、曰法，之数者，非判断自为一事，常乘乎其机而混同以凝于一，唯其妙之一出于自然而已。"（张裕钊《与吴函父书》）"意""气"依托于"词"和"法"而存在于作品中，它们结合而成为意象。刘勰也说："独照之匠，窥意象而运斤。"（《文心雕龙·神思》）作为阅读主体的读者，唯有头脑中有丰富的意象，才可能被作品的词语迅速唤醒，从而主体客体的意象对流交结，共同组成鲜明丰富的新的意象群。

二、语文能力

能力是"人们成功完成某种活动所必需的个性心理特征"，就其作用来说，它对活动的进程及方式直接起调节控制的作用。个体心理特性的调节作用是经常的、一贯的，因此，作为能力本质的个体经验，必须是系统化、概括化了的个体经验，唯有这样的经验才能对活动具有稳定的调节作用。系统化、概括化了的个体经验主要是知识和技能。

语文能力是指个体运用祖国语言文字，在与他人进行交际的过程中，能对自己的言语实践活动（听、说、读、写）直接起稳定的调节作用的个性心理特征。

语文能力的结构是一个由多种复杂因素组合而成的综合体。然而，从哲学的角度来看，不管一个事物、一个现象有多么复杂，其中必有一个因素或一个要素起着关键的、决定性的作用。在一个结构中，这种起着关键的、决定性作用的要素就是这一结构的核心。语文能力结构的核心是思维能力。思维能力有三种形式：动作思维、形象思维和抽象思维。它们在不同学段、不同个体上的发展并不平衡。而语文能力的发展，在很大程度上依赖于思维发展的水平。思维能力发展处于某一水平时，决定着当时语文能力发展的最大可能性。主体言语的特点取决于其思维的特点。因此，语文教学的种种努力，必须高度契合学生思维发展的水平和特点。

语文能力结构中的各要素是不可分割的整体。我们把外在的语文能力划分为听话能力、说话能力、阅读能力、写作能力只是为了研究的方便，以及在培养时更具侧重性、更能针对其特点。而在对某一特定语文情境做出反应时，则是一个人全部语文能力而非个别要素的显现。如果经由听话训练使学生在接受他人口语信息时能抓住要点，把握说话者的思想倾向，那么他们在阅读文字材料时把握文章中心思想、发掘文章的深层内涵将会容易得多。同理，当学生的阅读能力得到一定程度的发展之时，对听话的帮助，即对接受他人口头语言信息的帮助也是非常之大的。说话与写作也是这样。虽然不能绝对地讲能说者必定善写，能写者必定善说，但至少能说为善写奠定了基础，能写为善说创造了条件。写作训练也对说话活动中思维的逻辑性，言语的条理性、准确性有莫大的助益。当写作能力发展到较高水平时，即使不写下来，内化于头脑中的逻辑结构也会在说话过程中自动控制着说话的条理性。

如果学生不能有效地接受由外部输入的语言信息，那么他们在向他人发出信息时，语言将是苍白的、内容将是贫乏的，形式将是不规范的。他们不可能发出高质量的信息。而当发出信息的能力达到一个较高水准之后，势必对接收信息质量的提高大有裨益。因此，语文能力结构中听说读写四要素各自都具有不可替代性，不能以放弃一种能力的培养来换取对另一种能力的格外重视。对其中任何一种能力的放弃，将导致整个结构的失衡，致使整个语文能力，包括格外重视的那一种能力也得不到良好的发展。

语文能力结构是一个开放的结构，语文能力结构不是在封闭状态中运行的。就其形成而言，它所需要的背景不仅仅是语文知识，还应包括生活经验以及自然科学、社会科学的有关知识。一个人语文能力的形成是多种因素共同作用的结果。因此，语文能力的提高在很大程度上依赖于综合素质的提高，学习语文必须开放边界，精选信息，广泛吸纳。仅仅就语文学语文，不可能达到上乘境界。

语文能力的培养有许多途径，我们这里从课程设置和教学的角度来探讨。

第一，积累语言，丰富语感。语文是一门最基础的学科，或者说是一门元学科。"水之积也不厚，则其负大舟也无力"，丰富的言语储备，是言语实践可靠的保证。

言语积累主要有四项：字的积累，词的积累，锦言佳句的积累和精美诗文的积累。熟识三千五百个常用汉字是学好语文的基础。词汇是概念的载体，也是思维的基本元素，词的积累丰富了，表达能力才会提高。第三是锦言佳句的积累。大量的锦言佳句是人类思想的精华，是人类对自然、社会、人生、伦理、道德、科学、艺术和哲学的认识精髓，这些锦言佳句，千百年来广泛深入地影响着人们的言语、思想、生存和发展。第四是精美诗文的积累。相对上述积累，这是更高层次的积累，学生通过这种积累学到的语言不是纯工具性的语言符号，而是体现了民族的思想体系、价值体系、方法体系等。除此之外，积累语言还需要扩大阅读量。

第二，精选知识，重视经验。任何一种能力的形成，都需要知识为其引导和定向。语文知识不仅仅是语言知识，还包括他人的言语经验、言语主体的言语法则等。

社会的语言规律。语言是社会成员的"公器"。有效的社会交际必须遵循约定俗成的语言规律。传授语言规律的目的不仅在于规范和指导学生个体的言语行为，使他们明白自己言语实践的是非正误，从而弥补缺漏；还在于使学生已有的言语感性经验上升到理性水平。

他人的言语经验。语言，作为交际的工具，在实现和发挥它的交际功能时，是语言的各个构成部分——语音、词汇、语法、修辞等规则的综合应用，但是这种应用带有鲜明的个人经验和风格特色。从语言运用的综合性范例中去学习语言，是古已有之的传统。他人的言语经验始终处于运动状态，难以穷举。但是，成功的言语经验大抵具有以下三个共同点：

凸显语旨。语旨，即言语所表达的意义和情感。这是言语主体交际的目的。成功的言语经验首先在于它恰切、完美地表达了语旨。要研究言语主体选用了哪些语言符号、创造性地运用了哪些语言组合规律、表现了怎样一种意义或情感。

适应语境。语境是运用语言交际的环境。不论是上下文的句段、篇章等言辞语境，还是文篇之外的非言辞语境，对于语义的表达，都有制约、生成和阐释的功能。研究语境特征及其功能，是提高理解和应用语言能力的必要条件。

符合语体。语体是为适应表达内容和交际需要而形成的语言材料和表现方法的特点的总和，是根据语言交际功能而形成的言语风格类型。成功的言语总是得体的。了解语体特征，对于解读言语作品有引导和认同的作用，对于说写活动有规范和指导的作用。

言语行为的法则。幼儿学习母语是从模仿成人的言语开始的。入学之后，在学习言语作品的同时，进而学习了语音、文字、词汇、语法等系统规则，其目的在于提高读写听说的能力。因而，在语文教学中教给学生阅读、写作、听话、说话的方法和规则是至关重要的。教给学生在表达情意时如何察物、创意、缀言、得体，教给学生在读解言谈和文篇时如何感言、辨体、得意、及物，是语文教学的重要内容。这些法则可以用来指导学生的言语行为。

第三，训练技能，形成习惯。语文技能对个体言语实践活动起控制执行作用，即确定执行的顺序和处理的方式、变换的方式等。通过对技能的训练，使个体在言语实践中达到熟练化、自动化的程度。在训练有了一定的强度和速度后，学生的动作要素和顺序将随之发生一些变化和调整。而当这种训练达到一定数量时，学生的动作经验就可以在一定程度上实现内化、类化，使言语者能够根据不同的对象，实现自我调节。语文能力之中包括多种技能，比如读文有认读技能、理解技能、速读技能，说话有言语编码的技能、运用语音表情达意的技能、运用态势帮助表达的技能等。

人的技能是一种活动方式，而任何活动都不可能是盲目的，因此首先必须明确目标，确定方向。其次，作为活动方式，它体现为一系列连贯的行为或心智运作过程，所以训练时应该分清要素，安排顺序，并且把握要领，选择恰当的方法进行训练。最后通过不断强化，形成迁移，直至养成习惯。

要特别注意的是，语文技能与其他技能的训练具有明显的区别。学生的言语活动并不纯粹是一种技能技艺，甚至也不仅仅是一种心智活动，它与人的整个认知世界和情感世界紧密联系。语文课程具有工具性，语文是用来进行言语交际的，因此语文的技能需要熟练化和自动化，但是语文这个工具与其他的锯子、刨子、凿子一类的工具是不一样的，它在具有工具性的同时，还具有人文性，人的语言运用也是人的精神活动和情感活动的产物。因此，在进行语文技能训练时，要把它与精神培育和情感体验结合起来，决不能以单一的知识点或技能点代替对言语材料的感受、领悟和内化。

第四，拥抱生活，扩大外延。"语文学习的外延与生活的外延相等"，语文是一门得天独厚的课程，因为它本身提供了贴近学生生活的最大可能，提供了实现他们作为一个人的生命活动、心灵活动的最大可能。读、写、听、说本身就是属于他们的生活形式，本来就是实现生命活动、心灵活动的主要渠道，因此，语文教学可以把作为学习形式的读写听说自然而然地变为学生的生活形式。

三、语文思维

语文思维包括一般思维和特殊思维。一般思维是基础，反映了人类思维的共性；特殊思维是语文学科质的规定性，反映了人类对呈现或寄托的感性把握。语文思维通常是指特殊思维。

思维是许多学科研究的对象。哲学、逻辑学、心理学、语言学、脑科学、神经生理学等，都把思维纳入自己的研究范围。广义的思维是作为存在的对立物而言的，与"意识""精神""认识"同义。狭义的"思维"则是指对客观存在认识的形式。一般定义为，思维是人脑对客观现实的概括的、间接的反映，是人脑反映客观现实的高级形式。也有人认为"思维，就是人类在精神生产的过程中，反映客观现实世界，创构未来理想世界，应变现实环境的（秩序化）意识行为。"

思维可以分为形象思维、抽象思维、直觉思维、批判思维和创造思维等类型。

形象思维。形象思维又称艺术思维，是反映事物形象特征和形象联系的一种思维方式，它以记忆表象作为思维的材料，以联想和想象作为思维的方式，以丰富的情感作为思维的动力。形象思维是形象化了的思维，是思维化了的形象。就是说，它是以形象为手段来揭示现实世界和构想未来世界的，或者说它的手段和目的统一于形象之中。

抽象思维。抽象思维是以概念为思维要素，以判断、推理为特征的思维方式。它是以逻辑的形式来揭示事物的本质。抽象思维往往删除了一个个事物的个性特征，通过归纳和演绎概括出一类事物的共同性质。

直觉思维。直觉思维可分为三类：第一类直觉是本能直觉，它所依据的是一种生理的本能和传统习俗，类似于条件反射；第二类是感性直觉，是指人们依靠感觉形成的直觉。这种直觉主要依赖的是体验，是一种感性认识；第三类是理性直觉，是一种在对事物的本质有了深刻的认识基础上形成的直觉。我们一般所说的学习上的直觉思维，是指在第三类的基础上（性质）得以升华而具有第一、二类某些特点（形式）的思维。

批判思维。批判思维是指通过观察、体验、思考，交流收集和产生的信息，积极地分析、综合、评价和应用的智力活动。批判思维具有逻辑推理、深思熟虑、疑问态度和自主思维的特点。批判思维实质上是用探询的方法和态度看待世界,以创造和动态的观点看待事物。这种思维方式是一个人独立思考、尊重创造价值的表现。

创造思维。创造思维是指对社会现象、客观事物之间差异的思考,是在已有材料的基础上,进行想象、推理,从而解决和发现人类从未解决和从未发现的事物和问题的思维。创造思维在于揭示已知与未知、现象与本质的矛盾,在人类的思维领域追求独到的认知结果。创造思维是人类进步的动力。对学生来说,创造思维是指通过自己的亲身体验和独立思考获得认知成果的思维活动。

语文思维。语文思维是指语文学习活动中特有的一种思维。"所谓语文思维是指主体在读写听说活动中与言语同步展开的思维活动与思维能力,包括对交际对象、情景的辨识、判断,听读内容的领悟、把握,说写目的、思路的确定与调整。"语文思维和形象思维、抽象思维、直觉思维、批判思维、创造思维并不是对立的概念,而是融合的。多种思维形式共同参与语文学习的过程。阅读时的"如临其境""感同身受"是形象思维,对作品中心思想的概括是抽象思维,语感表现为直觉思维,对文章价值的评判则是批判思维,写作又是创造思维。当然,语文学习过程中每个环节的思维活动都不是单一的,往往是几种思维交叉融合,共同推动学习活动的开展。语文思维具有三个显著的特征,即具体性、整体性。

具体性是语文思维的最基本特征。虽然数学等科也有图形,也讲想象,但它的图形和想象本身就是高度抽象化的,已经剥离了具体事物的外形。虽然历史等科也举事例,但那事例是删除了细节只剩下"性质"的道具。语文学科完全不是这样。语文思维起源于感性,在上升到理性的过程中也始终不排除感性,而且理性的最终表达也还是靠感性形象来完成的。语文思维是最丰富最具有情感的思维。从这个意义上说,语文思维最贴近生命的本质。

阅读就是对文字所表达的世界的整体把握。生活中的一个个的事物，往往是独立存在的，呈现一种自然的零散的状态，而作品中一个个的词所代表的形形色色的事物，因为一种统一的精神因素的贯注而铸成一个完整的形象，人们在阅读时，就是在想象中牢固地把握住这个形象并对它进行欣赏。写作的过程，就是一个赋形的过程，把意思、感觉通过重复与对比，渲染等手法赋予空间感觉上的可能和自由。刘永济说："盖人情物象，往往深迹幽香，必非常言能应其妙，故赖有敷设之功，亦为玉者必须琢磨之益，绘画者端在渲染之能，径情直言，未可谓之文也。"

语文思维的具体性表达的是对生命美（理想、向往、自由）的追求，它的目标是拓展或建构高远辽阔复杂的分维空间（生命空间、思维空间、情感空间、智慧空间），建立一种共时性精神空间的秩序。

整体性是指语文思维把认识对象作为一个整体来把握，这包含三层意思：一是内外合一，即现象和本质一体化，本质就在现象之中，现象就是对本质的说明。二是局部和整体不分。本来整体是由局部构成的，但语文思维不对整体做割裂的分析。语文中的局部一离开整体往往就失去了生命。如"杨柳岸晓风残月""古道西风瘦马"，必须作为一个统一的完整的意象来观照，才能潜入领悟其意境的妙处。一旦分解，便一片死气。三是纵横联系。系统的观点是语文思维的基础。口语交际中对语境的重视和依赖，阅读中的"知人论世"以及主体的参与和超越，搜集、处理信息过程中对问题目标的考虑以及对学习成果的预想等，无一不是整体性的认知活动。

语文思维的培养途径通常有这样几种：

第一，教给思维的方法。思维的方法主要有抽象和概括，归纳和演绎，分析和综合，比较和归类，系统和具体，联想和想象。

抽象和概括。抽象是在头脑中把事物共同的非本质属性或本质属性抽取出来加以考察的方法。对人物相貌的思考是非本质属性的抽象，对人物性格的思考是本质属性的抽象。概括是在头脑中抽象出来的事物共同的非本质属性或本质属性联合起来的思维方法。非本质属性的概括是感性的或经验的概括。本质属性的概括也叫理性的或理论的概括，对作品主题思想的概括是本质概括。

归纳和演绎。归纳是从特殊到一般的思维方法，即根据大量已知的事实，做出一般性的结论。文学作品的分析多是归纳。演绎是从一般到特殊的思维方法，即从一般性的原理出发，认识那些尚不知道的事物。议论文中理论论证是演绎。

分析和综合。分析就是把事物的整体分解成各个部分或属性来进行考察的思维方法。综合就是把事物的各个部分或属性联合成一个整体进行考察的思维方法。阅读教学中的分段把握和对重点字词的揣摩是分析，对作品整体的观照是综合。分析的目的是综合，通过分析达到"一以贯之"的境界。

比较和归类。比较是把各种事物加以对比，以确定它们之间的相同点和不同点的思维方法，或者同中求异，或者异中求同。对作品的人物、主题、手法的比较，对占有的材料的比较，是语文学习中经常进行的思维活动。归类是按照一定的标准把事物分门别类划成小组的思维方法。一是按照事物的非本质属性归类，一是按照事物的本质属性分类。写作特点的教学就属于归类。

系统和具体。系统是把各种有关材料归入一定的顺序或体系的思维方法。语文教学中的列提纲、板书就是系统化的方法。具体就是把理论知识应用于实际，或用实际来说明理论知识的一种思维方法。

联想和想象。联想是由一种事物唤起相关表象的思维活动。想象是由记忆中的表象加工组合构成新形象的思维活动。语文阅读中的参与、体验和理解，写作中的选材、构思和成文等都离不开联想和想象。没有联想和想象就没有语文学习。

第二，指出发展思维的途径。充分利用已有的知识经验，从直接经验到间接经验，加深感受和理解。思维是获得知识经验的重要心理因素，知识经验又是开展思维的必要条件。语文感受是语文理解的基础，从自己的知识经验出发，展开联想和想象，设身处地与作者的心灵相通了，思维才可能活跃起来。唤起、调动、补充相关的知识经验是学习语文的前提。

第三，积极提供多种直观材料，激发学生的思维，从感性到理性，从具体到抽象，推动学生思维的深化。在直观材料的作用下，学生的头脑中会形成丰富的感性知识。思维总是从感性到理性，从具体到抽象，在一定的直观活动的基础上，在丰富的感性认识的参与下展开的。语文学习的直观材料大致有三类：一是实物直观，就是在直接感知实际事物的过程中进行，如社会调查、社区服务等综合实践活动。二是模象直观，如教学图表、多媒体教学、参观展览等。三是言语直观，这是语文教学中应用最广泛的直观材料，应选择那些新鲜、形象、优美、富有价值又贴近学生生活的言语材料交给学生，也应鼓励学生自己去搜集、阅读。多接触这类材料是学好语文的必由之路。

第四，丰富学生的语言，以言语活动促进学生思维的发展。从信息论的观点来看，思维的过程就是对信息的加工过程。信息是思维的原料，原料越丰富，思维加工越容易有效地进行。而人类的言语成果是人类所独有的取之不尽、用之不竭的信息源泉，语文也是人类最重要的信息交流的工具。因此，在教学中，我们要善于利用这个信息源泉。这有两个方面的意思，一是引导学生积累一定数量的字词，背诵、阅读相当数量的言语材料。二是制造和抓住学生"愤""悱"的心理欲求，为思维蓄势。这二者结合起来，思维就能得到有效的培养。

第五，结合实际，创设问题情境，在解决问题中发展学生的思维。思维总是从发现问题开始，以问题的解决告终。思维的过程就是发现问题和解决问题的过程，就是缓和矛盾达到认知暂时平衡的过程。因此，为了激发和培养学生的思维，教师应结合实际积极创设问题情境，使学生在这种情境中产生矛盾，从而在内心产生困惑及解除困惑的要求。问题情境常以课题的形式设置，它的思维过程是完整和深刻的。其主要的矛盾有学生的预料、期待与课题之间的矛盾，课题内部的矛盾，面对课题时学生认识内部的矛盾等。创设问题情境，也就是抓住并利用这些矛盾来激发和促进思维。

第六，打动学生的感情，为思维的发展提供动力。联想和想象是思维的两只有力的翅膀，而感情则是托浮起翅膀的空气。没有感情的参与，任何思维活动都是乏力的，语文思维尤其是这样。感情来自于精神的渴望以及这种渴望的实现或者所遭受的打击。语文学习材料中大都蕴含着丰富的感情因素，教师要善于发掘和利用它们，关键的是把它们和学生的精神渴望联系、沟通。感情一旦点燃起来，语文材料就会被这火光所照亮，那字词语句就会活跃起来，迅速地向着一个目标奔跑。这个过程就是思维发育成长的过程。

第三节　大学语文素养的价值取向

一、大学语文的精神

就一般意义而论，不光语文学科，实际上几乎所有的学校课程都是以语言文字为载体，都是广义的学习语言。比如动物学里肯定也要讲到鸟，讲到麻雀或者老虎；在植物学课里肯定也要学到树，学到松树或者柏树；在天文学课里肯定也要学到星星和月亮。但是，动物学里的"鸟"已经不再是读者看到的树枝上那只"叽叽"叫得让人爱怜的画眉，也不再是老舍笔下的那只充满了恐惧的受伤的小麻雀，它已经是剔除了所有的作为一个小生命的特殊的物质实在，只剩下"有羽毛能飞行的动物"这样抽象的概念。在天文学里学习月亮或者星星，着重关注的是它是发光发热的恒星或者是围绕行星运转的卫星，而不关注阅读者在晚上看到的是否是一弯新月或者是那轮圆月，而这恰恰就是语文学习所要关注的重点。语文课程所关注的语言具有语文学科的特殊性。

一种语言里的大部分语词，实际上都是个体和群体，感性和理性，具体和抽象的融合。"松树"既指言语者通过直接或间接感知过的不同形状、不同地域、不同大小、不同种类的各种松树，也指"树皮多为鳞状，叶子针形的一种常绿乔木"。个体的、感性的、具体的，主要是语文学科所要学习的对象。群体的、理性的、抽象的和概念的，则是科学学科所要涉及的范畴。语文学科不仅为其他学科提供了用以表达的言语符号，而且提供了科学学科赖以进行概括的丰富的表象、事实，没有这些直观的、具体的、丰富的、感知到的表象和事实，科学课程的概念理解就无从进行。

艺术不是一个将我们的感觉材料加以分类的过程，艺术沉湎于个别的直觉，远远不需要逐渐上升到一般概念上去。在艺术活动中，我们不是将世界概念化，而是将它感受化。一切真正的艺术首先是诉诸感觉的。卡西尔认为，艺术所运用的语言只是一种特定意义上的语言，它们不是文字符号的语言，而是直觉符号的语言。语言艺术家就是用语言建造一个直觉的感性的世界。所以，语文老师要用语文的眼睛、语文的耳朵和语文的心灵去教语文。大学语文学习首先要明确语文意识。语文以人文为灵魂，人文寄寓于语文之中，语文与人文有机结合起来的枢纽就是语文意识。语文意识是语文素养结构中情感因素的统称。语文意识关注的是语言的物质和精神的存在，要认真听听语言的声音，辨辨它的色彩，掂掂它的分量，摸摸它的"体温"，把它摆在它和语境的关系之中反复审视、掂量、咀嚼、玩味。从这里出发才能走上正确的语文学习之路。因为语言文字的运用绝不仅仅是运用语文的知识、技能、技巧的问题，而是和思想、情感、个性等人文因素密不可分的。语文素养和人文素养具有深刻的相关性。

　　语文学科的语言大部分是情感的、审美的语言,情感的、审美的语言首先是直观的、直感的语言。"美是理念的感性显现",这是美学给我们语文学科的启示之一。直观的、直感的语言还应该伴有言说者真挚的情怀和对世界真实的感受,体现出情感的、审美的属性。忽视情感的、审美的语言学习,对学生的语文素养甚至对民族素质都会造成很大的损害。语言是具体的、感性的,在语言的发展历程中,不断抽象化使得语言失去了自身的感性特指,因而语言便与生存之间产生了巨大的裂痕。更深刻的原因还在于生命感觉在生存的重压下变得日益迟钝和荒疏。拯救语言,也就是拯救我们人的生命,防止生命的分裂和异化,抗拒生命的冷漠和麻木,保持生命的鲜活和敏锐。

　　情感培养是一种人文素质的培养,也是一种言语素质的培养,二者是可以结合在一起的。语文学科的言语是源于心灵的言语,它应该反映出主体和客体之间的真实、深刻的关系。语言的运用自如的能力不是仅靠多识字就能养成的,好的文章也不是单凭一点聪明灵性就能写出来的。一个人的生命精神要用优良的语文来涵养,要熟读经典、积聚学养,既广读史书又深知社会、民情,以哲学培育思维,以良知修养德行,最终成为有卓然独立之精神、自由之思想的人。如果一味满足于知识的传授,执着于技能的训练而不问津人内在的"精神生活",语文是没有出路的,人也极有可能沿着这条实利主义路径走上唯名利是图的邪路,那时,失魂落魄的就不仅是大学语文了。

　　真正的语文应该是扎根于优秀传统文化的深厚土壤,将传统文化人格化、情感化、时代化,赋予它鲜活灵动的生命活力,让学生受其感染,获得情感体验和生命感悟。更要引导学生思考人生,关注社会各阶层人民的生存情况,关注他们的精神状况。如果没有人文智慧的烛照,人类的精神之旅将是黑暗而漫长的。语文教学肩负一项重要使命:坚守精神家园,启迪灵性,让理想的花蕾绽放,让创新的种子萌发!语文课要做的就是教育追寻思想,做"会思想的芦苇"，夯实学生的精神底子。

语文的精神实质上是人的精神。"民族的语言即民族的精神，民族的精神即民族的语言。二者的同一程度超过人们的任何想象。"语文精神是对生命意义的探寻和对人类美好情感的向往，是在语言文字中感受各式各样的人生，去体验人类生命中究竟具有什么样的能让我们为之深爱的本性。语文之精神在于一生的执着与精心，在于每一个生命的个体都能挺直脊梁，独立地思想，让人性之光芒，一如冬日午后的阳光，暖暖地照耀着每一个平静的灵魂。语文之精神，是在于保存和发展人类之"善性"的基础上，追求心灵的纯朴简单。让我们像汲取阳光一样，去品味语文的智慧和境界，去体验自己内心的渴望和满足。语文之精神，唤醒心灵深处的自由、幻想和创造，寻找自我价值和心灵的归宿，一如生命的修行。语文之精神，在于铸就独立完整之人格，让真与善以最美的方式道出，在质疑和反思中创造，直到抵达理想的目标。

大学语文坚持普遍的人文教育必须从一种高于社会直接需求的对人的完整性的认识出发，必须基于一种高层次的文化关切和价值意识。这也正是大学教育立足当下孕育未来的特殊贡献的地方，它以承担培育出来完整的人这个根本性的任务来引导社会的发展。这是一个极为重大和崇高的使命，大学语文的意义和价值探索必须借助其他学科提供的方法如历史、生活文化观察，文献搜集和诠释，社会政治研究等，在语文学科中注入由哲学或宗教意识所体现的价值和意义探索，否则不能获得有自觉意识的人文导向。

二、大学语文的方法

"方法"一词是来源于希腊文，含有"沿着"和"道路"的意思，表示人们活动所选择的正确途径或道路。《墨子·天志中》："中吾矩者谓之方，不中吾矩者谓之不方，是以方与不方，皆可得而知之。此其故何？则方法明也。"

在当代认识论中，方法具有两个层面的含义：在日常生活和工作中，方法一般是指为获得某种东西或达到某种目的而采取的手段与行为方式，如教学的方法，作文的方法等。哲学上的方法是指主体和客体之间的关系，这种关系给人们指示出关于解决思想、说话、行动等问题的门路、程序等。英国哲学家培根把这种方法称为"心的工具"，认为方法是在黑暗中照亮道路的明灯，是条条蹊径中的路标，它的作用在于能"给理智提供暗示或警告"。

哲学方法是探索实现主观世界与客观世界相一致的最一般的方法，哲学意义上的方法是人们从什么角度、用什么样的方式来观察事物和处理问题的观念形态，主要解决世界"是什么"和"为什么"的问题。哲学方法论和世界观是一致的，它具有根本性；而日常生活和工作中一般意义上的方法主要解决"怎么办"的问题，主要是指解决问题的具体的手段，它具有可操作性。我们在这里讨论的语文方法主要是哲学意义上的语文方法。

洛克等感觉论者肯定感觉的内容来自客观物质世界，是外界事物作用于人的感官而引起的结果。甚至对客观物质世界的存在持"存疑"的态度，干脆认为"存在就是被感知"。人类绝不能越过感官印象而认识它之外的任何事物，都强调感觉是认识的唯一来源，感觉是构成世界的唯一实在。这种感觉主义的认识论虽然不够严谨，但是，它注重世界在人的感觉中存在的观念确实是有意义的，它揭示了人与世界的不可分割的紧密联系，让人时刻意识到生命存在的有限性。

这种感觉主义在我国古代哲学中也能找到许多相通之处。先秦儒家主张"天人合一"，宇宙自然是大天地，人则是一个小天地，人类只是天地万物中的一个部分，人与自然是息息相通的一体。孔子说："天何言哉？四时行焉，百物生焉，天何言哉？"四时运行，万物生长是天的意志的体现，天是一切现象和自然变化的根源，是宇宙的最高本体。人类的政治、伦理、语言等社会文化现象是自然的直接反映，而且是一种内在的生成关系和实现原则。

天地之道是生成原则，人之道是实现原则。所以，人的一切言行都应顺乎自然规律。中国人最基本的思维方式，具体表现在天与人的关系上。它认为人与天不是处在一种主体与对象之关系，而是处在一种部分与整体、扭曲与原貌或为学之初与最高境界的关系之中。"天人合一"既是中国传统文化中的宇宙观，是关于人与自然或者说是自然界和精神的统一问题。

中国古代哲学思想都主张天人合一，追求物我一体，心物一体，达到人与自然的和谐统一。《礼记·乐记》说："凡音之起，由心动也。人心之动，物使之然也。"人心与物境相互交融，艺术家创作时，用自己的直觉、观赏外物的艺术形象，将它与自己的主观精神相结合，产生艺术意象，这种意象就是一种"神似"的境界。它是客观事物的精神又是艺术家主观的精神。意境是中国古典美学的重要范畴，是指艺术家从对客观事物的观察、认识、体验、感受中，产生了某种思想感情，通过特殊的艺术构思和形象塑造，把这种思想感情充分表现出来，于是在文字上产生一种动人境界，这是艺术家主观情感与客观物境互相交融而形成的艺术境界，也是艺术家与自然相近而又相融的精神感受。文学上的借景抒情、托物言志的手法，注重神似提倡形神兼备的艺术追求，都是这种哲学思想在言语过程中的表现。圣人之心与天地万物不是相对的，而是一气同流的。"以天地万物为一体"亦即物我一体、心物一体，表现为对天地万物的普遍关怀。

庄子所言"藐姑射之山，有神人居焉。肌肤若冰雪，淖约若处子。不食五谷，吸风饮露。乘云气，御飞龙，而游乎四海之外。其神凝，使物不疵疠而年谷熟。"这样一个神人，显然是庄子杜撰出来的神话人物，但是他也告诉了我们，忘我体验来达到"天地与我并生，而万物与我为一"的天人合一的精神境界。庄子所讲的庖丁解牛也同样告诉了我们一个道理：遵循事物的规律，做到目无全牛，才能游刃有余。洛克的经验主义，王阳明的心学，怀特海的"相遇"说，都可以从一个侧面揭示和描绘语言运用的自由境界。

语言的运用,实质上是物我一体,乘物游心。就是遵循自然的规律和法则;只有最大限度地顺应自然,才能够"游心",以实现精神的自由和解放。人生至高的境界就是完成天地之间一番逍遥游,也就是看破内心重重的樊篱障碍,得到宇宙静观天地辽阔之中人生的定位。这种逍遥需要用我们的心、我们的眼、我们的呼吸、我们的行为与世间万物紧密相连,水乳交融。这种逍遥需要我们能够欣赏花开、聆听水流,能够看见飞鸟掠过天际、朝阳跃上云端。这种境界告诉我们放眼长天,告诉我们道无所不在,需要我们用心去看,用心去问,用心去想,脚踏实地去实践。"仰观宇宙之大,俯察品类之盛",让自己成为天地至尊,有这样的定力,这样的功力,这样的境界。

语言运用的任何技法都是一个严肃的态度问题,我们只有全身心地投入、参与、体验,以敏锐的直觉的方式去把握,揭露出人类生存的真相和本质,表达人类的理想,呼喊出人们心底的渴望,这才是语言文字的意义和价值所在。

三、大学语文教育要重视发展学生的思想

马克思说:"一个民族要想站在科学最高峰,一刻也不能没有理论思维。"理论思维的核心是思想的能力。发展学生的思想对大学语文学习,对大学生的学业建树,对社会的文明进步都具有重要意义。

一个人的思想包括两个方面的内容:一是思想的能力,二是思想的价值。思想的能力就是能思能想,能对人、事、物独立地做出自己的识别、分析和判断。进一步说,就是能够对自然现象和社会现象做出符合因果逻辑的解释,对艺术作品进行富有个性和创见的阐释。这是一个从物质到精神或者从别人的精神成果到自己精神成果的动态的思维过程。思想的价值要看思想的成果对他个人、对社会究竟有没有意义。意义是在事物之间的关系中显示出来的。如果一个人的思想成果对他精神的上升有所推动,对社会的文明进步有所助

益，那他的思想就是有价值的。反之，就是没价值的。从本质上说，思想的价值在于对客观事物存在奥秘的发现和揭示。这里面闪耀着一种崇高心灵的照射。我们所说的发展学生的思想，是指既要提高学生的思想能力，又要使学生的思想具有一定的价值。这两个方面的结合才是我们所期望的教育目标。

思维闲置必然导致思维的退化。在知识方面只成为记忆的机器，在人格上则唯唯诺诺。最终的结果将是民族创造力的衰退和丧失，在竞争日趋激烈的世界上，其生死存亡的问题也就接踵而至。语文教育要为人的终身发展奠定基础，人的修养的核心是什么？是思想。思想是人的灵魂，是人与动物的最本质的区别。帕斯卡尔说："人只不过是一根芦苇，是自然界最脆弱的东西；但他是一根能思想的芦苇。"人的强大就来源于思想的力量。思想既是人生取得成功的动力，也是人生在世的意义所在。由具有超拔思想的人组成的民族才是强大的民族，社会才是充满生机和活力的社会。历史发展到今天，卓越的思想已成为最为活跃的生产力。因此，发展学生的思想就成为教育最崇高的目标。

通常，我们所说的语文教学要致力于培养学生的语文能力，即听说读写的能力。一个人的听说读写能力无不与他的思想密切相关。肚里没货怎么跟人交流，这"货"就是思想。这好比一棵茂盛的大树，思想是其根本，表达和交流是这树上的花朵。每一朵耀眼的花朵都散发着思想的芬芳。任何写作的方法、技巧都是主体思想的现实，语言文字也只有插上思想的翅膀才能飞翔。欲木茂必先固其本，欲流远必先浚其源，要真正提高学生的语文能力必须重视发展学生的思想。思想素养是语文素养的基础、关键和核心。对于一个没有思想或者思想水准很低的人来说，他所识的字，所知道的方法都是僵死的，就像愚蠢的驴子一样呆头呆脑毫无生机。

从语文教育的特性来看，它要传授知识，更要培育人格精神。在今天互联网日益普及的时代，学科知识的查阅、了解已是比较便捷的事情了，而精神的培育却显得困难起来。对于语文来说，人的精神高度直接决定着知识使用的效率和方向，崇高的精神能够重新赋予知识以生命。知识是手段，精神是目的。知识和精神既不是包含的关系也不是因果的关系。精神是一种实践性的态度，所以必须在掌握、运用知识的实践过程中养成。只记住别人的一种观点一个结论的学习方式跟人的精神成长实在没有多大的关系。

发展学生的思想，语文具有得天独厚的优势。它自身工具性和人文性高度融合的特点，决定了它更应该也能够承担起发展学生思想的任务。

语文学习活动包括了人思维的全部形态。特别是语文学科所独具的语文思维，对学生思想成长的推动力几乎是无可替代的。主体在读写听说活动中，与言语同步展开的思维活动与思维能力，都起源于感性，在上升到理性的过程中也始终不排除感性，而且理性的最终表达也还是靠感性形象来完成的。语文思维又是最丰富最具有情感的思维。从这个意义上说，语文思维最贴近生命的本质。

人是以肉体直接和外部世界接触的。肉体的冷暖是人最基本的生命经验。肉体的痛苦或幸福是人最基本的生命经历。肉体的真切感受是衡量人生的准绳。人生的思考也必须从肉体开始。人的神经遍布于全身，躯体的各种感觉都汇集到大脑，感觉的条理化就成为思想，思想的定向和坚持就成为灵魂。感知、参与、体验、理解、想象是语文学习的基本方式。看、听、嗅、触摸，我们就是这样感受语文形象的，语文理解的过程始终都有联想和想象的参与，都伴随着情感的活动，它最终指向对人的精神本质的把握。如果说语文是对于人类生活的深情的呼唤，那么，理解就是在学生的心底产生的巨大的回响。想象是用心来创造形象，想象能力就是制造形象的能力。语文中的想象既是对课文的想象，也是对人类的历史、现状和未来的想象，更包含着学生深刻的自我想象。所以，语文是学生思想获得成长的深情的沃土。

在发展学生思想的过程中要注重发挥以下几个关键要素的作用：

第一，异质的思想。和其他产品的生产一样，思想的生产也需要材料。思想生产的最优良的材料就是异质的思想。所谓异质的思想，就是面对同一对象，而认识方法、过程，特别是结论大不相同甚至截然相反、尖锐对立的思想。异质思想的相遇便产生碰撞、交融和催生，仿佛不同质的气流相遇会产生降雨或风暴，异质思想的相遇会推动思维，生产出新的思想。异质的思想来源于不同的头脑。每一个主体都是富有个性的独立的个体，每个主体对客体的认识都有特异之处。发展学生思想的第一步便是引入异质的思想。思想的性质越是反差巨大，越是鲜明对立，产生的冲突越是尖锐，在学生头脑中掀起的思维的风暴也越是强劲，也越可能激活思想并产生出高质量的思想成果。

第二，完整的过程。任何思想成果都产生于思想的过程中，任何思想能力也都必须在思想的过程才能得到发展。因此，发展学生的思想能力必须极为重视思想的过程。一个完整的思想过程一般包括以下五个阶段，即确定思想的对象，引进思想的材料，推动思想的进程，产生思想的成果，最后表达思想的成果。

思维不能静态地呈现，它只有在实践性的动态过程中才能展示和发展。一般说来，思维包括五个要素，即思维的对象、思维的方向、思维的能力、思维的结果和思维的习惯。思维不能空转，它必须指向一个具体的事物，当主体对这事物产生兴趣、产生疑问，也就是说只有当主客体之间产生某种互动关系的时候，主体的思维才可能启动。这个具体的事物就是思维的对象。思维的方向是指主客体之间的精神性的位置关系，它影响着思维结果，决定着思维的价值。主体的思维应该能够穿透、照射和提升客体，揭示客体存在的意义。思维的能力包括思维的速度、广度和深度，也就是主体对存在发现的能力。思维的目的正是求得发现的结果。没有结果的思维是无意义的徒劳，甚至难以指证它的存在。从教学的角度说，任何思维过程都应当求得一个结果，当然，这个结果不一定是结论，更不一定是定论，只要是它在某种程度上具有对事物的揭示性，就意味着这个思维产生了结果，因而具有思维的价值。思维在本质上是主客交融的过程，在这个过程中最能够展示人的本质特征。良好的思维品质必须形成一种思维习惯，使思维成为主体生命的存在状态和精神渴望。

确定思想的对象是基础的一步，要选准对象，对象要有思想的价值，暗含着思想的增长点，师生都感兴趣并且有能力把握。引进思想的材料是指引入异质的思想，发表不同的观点。推动思想的进程是尤为关键的一步，要引导学生展开深入的讨论，对各种不同的观点以批判的态度来分析评价，研究各种观点产生的视角、过程及其性质，吸纳其精华，剔除其糟粕，纠正其错误，弥补其不足，在可借鉴之处拓展其内涵。然后就是形成自己的观点，这是一种发现和创造。最后的一步是表达自己的思想成果。夸美纽斯说，任何教学活动都应当生成结果，思想的过程更应如此。

第三，持续的动力。思想是一种艰苦的脑力劳动，需要提供持续的动力支持。思想的动力来源于不同思想的不断深入的对话。语文教学的精神实质就是一场由多方参与的对话过程。各方都在发出自己的声音。各方对话的"媒介"是教材，目标是主体与世界的对话，而终极目标则指向学生主体性的建构。各种不同的思想渐次参与进来，互相碰撞，互相推进，互相生发，像不同的水流汇聚在一起，共同形成汹涌澎湃的思想的长河。

发展学生思想是以对话的方式进行的。巴赫金说："一个意识无法自给自足，无法生存，仅仅为了他人，通过他人，在他人的帮助下才展示自我，认识自我，保持自我，最重要的构建自我意识的行动，是确定对他人意识（你）的关系。""思想即含义的诞生，并不是在某一意识内部，而是在两个意识的交汇点上。真知灼见不是在某一个头脑里飘忽而至，而是两个头脑的接触中撞出火花，谁的大脑也不能觊觎独自分泌出思想和真理来。"这里的两个头脑既是两种思想观点,也指两种或多种质类相异的材料,把这些放在一个头脑中才会产生思想。这就是说,对话交流是发展思想的有效方式。

语文教学的"对话"就是作为学习主体的学生和作为客体的学习材料交流、碰撞从而在主体内部产生出新的意义的过程。"对话"使语文学习真正成为言语的实践活动。语文对话有多个参与者:教师、学生、课文、教材编写者以及潜藏在这个因素背后的自然、社会和人生。从根本上说,对话就是学生和整个世界的对话,课文是对话的凭借,教师是对话的桥梁。其中学生的自我对话最富有建设意义,这是一种反思性对话,是个体对自身内在经验和外在世界的反思。在反思、咀嚼、回味中,个体认识世界、认识自我从而确认存在、生成意义。在本质上,一切对话都不指向对话本身,也不指向他人或外部世界,而指向对话者自身。

要进行对话,首先要有吸引学生的话题。生命的参与是对话的必要条件,也是动力的源泉。话语来源于生活,来源于真实新鲜的材料,来源于心灵深处的颤动。对话要特别重视学生的感悟。学生作为对话者,一切只有融入他的视野,渗入他的思维活动,意义才能真正生成。意义既不可能被灌输,也不可能被接受。教师头脑中的意义,课文中的意义,不可能移植、粘贴到学生的头脑中去,只有通过学生的体验、感悟等一系列的思维活动,意义才可能诞生。感悟是精神生命在对话中碰撞出来的火花,是学生全身心投入的结果,是与他的"自我"反复对话的结果。对话教学特别注重通过读和写,通过讨论和研究而有所自得。语文课堂上的话语的主动权一般来说是掌握在教师手里,所以教师的态度是营造课堂气氛的关键。他必须是亲切的而不是严厉的,是善于倾听的而不是唯我独尊的,是巧妙设疑的而不是僵化木直的。教师必须是一位打开学生心灵之门的对话高手。语文教师正是在和学生一道不畏艰难险阻的精神攀登中获得快乐的。

第四节 大学语文素养养成的特征

一、语文素养目标的阶段性和适应性

任何事物的发展都既有连贯性又有阶段性，人的认知能力的发展也是如此。皮亚杰认为，随着学生年龄的增长，学生的认知发展将发生本质性的变化，表现为不同的认知图式。每一种新的图式的出现，都标志着学生的认知发展进入一个新的阶段。塞尔曼提出的关于观点采择能力发展的模式更能说明这个问题。学生的言语能力、感知能力、记忆能力、问题解决的能力、社会认知和自我认知的能力的发展，都呈现出明显的阶段性。

语文素养目标的确定应适合学生认知发展的各阶段的水平，这就像播种要适时一样。某一个目标提出得过早，越过了学生认知的阶段水平，他经过努力还达不到目标，就会增加学生学习的心理负担，压抑思维的热情，挫伤学习的积极性，结果劳而无功，师生两怨。而如果某一个目标的提出落后于学生的认知阶段水平，教育的效率会大为降低。因为人才的成长是遵照天资递减律的。学生的天资，即生理条件，其潜在能力是随年龄的增长而递减的。这就是说，年龄小的时候，生理条件的作用大；年龄大了，这种作用就逐渐减少，甚至减到零。教育从本质说就是充分利用生理条件，大力开发天资潜能，在实践中将潜能发展成一种智慧。

大学语文素养的标准只能根据大学生的心理思维特点和专业学习的要求来制定。

大学生感情丰富，喜欢独立思考，感性思维和理性思维都已经成熟。他们的学科知识有了相当的积累，生活交往能力比较强，创造的精神和能力已

经初步养成。对他们而言，大学语文学习不仅是一门功课，还是为将来工作培养的一种技能，甚至于为一生的生活质量准备的一种涵养。因此，大学语文学习的目标多元而且崇高。

在口语交际能力方面，能够平等自如地跟不同的职业、阶层的人群深入交流，能够准确地了解对方的意见，清晰地表达自己的看法。善于劝说别人，用语言的力量组织人们一起工作。大学生应加大阅读量，增加积累，扩大文化视野，培养思想的逻辑性，掌握探究的方法，养成探究的习惯。在感情态度和价值观方面，高中阶段培养学生关心社会，思考人生，热爱人类，热爱生活，对各种文化现象能做出自己的价值判断及正确选择的热情和能力。大学则要在这个基础上培育成熟的创造精神和创造能力，从而能够担当起自己的社会责任，自觉追求公平正义和文明进步，同时实现自己的人生价值。具体教学环节中语文素养目标的确定和实施，重要的是结合教材，抓住教育时机。

二、方法的实践性和综合性

实践第一的观点是马克思主义哲学的基本观点。知识是从实践中来的，知识也唯有在实践运用中才能转化为能力，发挥它的作用。离开了实践，既不可能产生新的知识，连已有的知识也会成为一种漂亮而无用的装饰。因此，我们不可能仅仅依靠定理和原则来培养学生的语文素养，语文教学中的叮咛和告诫往往是无效的。应该在思维活动中发展思维，在情感活动中培养感情，在语言运用中锻炼言语能力。

语文素养又是一个多种因素构成的系统，各种因素密切联系，相互作用。任何一个因素都不可能孤立存在，也不可能独立前行。它们之间的这种制约关系决定了发展语文素养方法的综合性，这种综合是广泛的，既指语文素养内部各要素的结合，也指课堂内外的结合，还包括语文学科跟其他相关学科以及广泛的社会生活的结合。

大学语文学习要给学生提供事实（生活事实和言语事实），形成问题（语文活动的目标），说明方法（讨论、协商、交流），指导运用（生成学习成果），教师要善于采取实践性和综合性的教学形式，让学生参与其中，心感身受，做到语文的成长与人的成长同步。

三、途径的自主性和内发性

学生是学习的主体。这包含三层意思：一是学生都有好奇心，而且这种好奇心可以培养成求知的愿望。二是人都具有认知的潜能，而且这种潜能可以通过合适的教育方式加以开发利用。三是学生终究是要成长起来的，这种成长不仅仅指生理意义上的成长，更侧重于心理意义上的成长。这就是说，学生的主体性既为教育提供了可能和动力，也是教育的最高目标。它既是起点又是归宿。

马克思主义哲学认为，事物发展变化的动力在于事物内部矛盾的运动。内因是变化的根据，外因是变化的条件。夸美纽斯认为："在自然的一切作为里面，发展都是内发的。"所以，如果在教育中能够特别注意知识的根芽，即悟性，这种根芽不久就会把它的生命力输送给树干，即输送给记忆，最后输送给花儿和果实。意义唯有在主体的内部产生，不大可能由外部强加给主体。

人有发展的极大可能性，关键在于使人得到发展的机会与动力。首要的是吸引和鼓励，以此唤起学生求知的渴望。其次是给学生提供合适的阅读材料。教师应根据学生的兴趣和现实的需要，选材一些新鲜有趣、有价值的阅读材料供给学生，调动阅读的兴致，扩大阅读量。鼓励写读书笔记，凡读书时，皆做笔记。读书时的灵感式的随想，是智慧的火花，随手收拾起来，即可积攒为才华。多作读书笔记是语文学习的有效途径。以多种形式展览交流学习成果。语文学习的各种成果应及时展览和交流，以鼓舞学生的自信，激发学习的热情。结合阅读和生活，经常提出一些问题让学生思考，组织讨论，并提供必要的帮助，鼓励学生把思考的成果及时表达出来。

第八章 大学语文教学文学素养研究

近年来，随着高等教育的迅速发展，大学语文逐渐处于边缘地带，各大高校越来越不重视学生的文学素养和思想内涵的培养。新文科的提出及时提醒了我们文学素养对于培养合格的社会主义接班人具有不容忽视的重要作用。在建设新文科的背景下，高校应意识到大学语文教学改革的必要性与重要性；加强教学质量评估；培养教师提升学生文学素养的意识与能力，组建新型教师队伍。

第一节 大学语文教学中文学素养缺失及对策

2018年，《教育部关于加快建设高水平本科教育全面提高人才培养能力的意见》推出了"六卓越一拔尖计划"2.0，标志着我国新文科建设的正式启动。教育部在2022年5月17日发布的《历史性成就，格局性变化——高等教育十年改革发展成效》中指出，深化新文科建设，明确构建世界水平、中国特色文科人才培养体系总体目标，设立新文科项目和学科交叉融合专业点，推进文理交叉、学科融合，文科教育与社会实务相结合。新文科担负着重大任务和使命，即"培养知中国、爱中国、堪当民族复兴大任的新时代文科人才；培育优秀的新时代社会科学家；构建哲学社会科学中国学派；创造光耀时代、光耀世界的中华文化。"

一、新文科背景下提高学生文学素养的必要性

（一）新时代、全球化的需求

随着我国国际地位的大幅提升，我们需要在国际学术舞台上发出中国声音。在全球新格局视野下，人才需求不断趋于国际化，传统文理科培养的人才已经无法满足新时代人才供给需求，我们急需培养一批具备国际视野、中国特色和多元知识技能的新型专业人才。

（二）高校可持续发展的需求

我国高校长期以来存在着分科过细、学科分离的问题。学科分离导致知识体系各自独立，互不相通，学生"文不通理""理不通文"成为常态。不同学科之间存在着极大的隔阂，知识无法相通，从而教育资源无法共享，专业发展空间狭小，整体教育质量无法提高，培养出来的人才在就业时具有强烈局限性。打破学科专业间的壁垒，建设起文理科专业之间和学科内部沟通的渠道已经是必要之举。

（三）人才全面发展的要求

在一个千百年来注重"文教""诗教"的国家，文学教育逐渐走向边缘化，存在感不断降低。从中小学教育开始，文学教育便受到"主课""应试"等的排挤，踪迹变得少之又少，到了高等教育阶段，孩子们的文学素养自然是"不堪一击"。文科专业应是优良文化和优秀文学的载体，承载着价值观培育的重要任务和功能，这与我国当前正在努力推进的"思政进课堂"行动具有同样深刻的意义。文科是大学的灵魂，理科人才同样需要接受文学的熏陶与引领，才能发展成为一个具备文学素养与科学素养的完整的人。

二、高校语文教学存在的问题

近年来,我国高等教育蓬勃发展,入学人数不断增多,教育规模迅速扩大,但人才质量却出现下降趋势,说明高校人才培养存在突出问题。

(一)大学语文教学存在内容浅薄、形式固化的现象

步入高校,语文的学习内容层次突然拔高,阅读材料大多都是优秀文学作品,但学生们的文学素养并不与之匹配。大学语文教师大多是博学多闻的高质量人才,但有时教学效果却不容乐观。尽管教师具备较高的文学素养与内涵,却无法将其以适当的方式传授给学生。由于学生文学素养欠缺,与教师无法进行深层次的文学交流,导致教师教学积极性逐渐降低,教学方式通常为放映课件,教授内容逐渐浅显等。此外,在理工科教学中,教师普遍采用实验教学,注重量化、数据分析等研究方法。除了大学语文和部分文科类选修课,学生并没有机会和足够的时间去阅读、去思考、去深入体会优秀文学的内涵、感受文学的美,从而文学素养普遍较缺乏。

(二)培养文学素养意识淡薄

许多高校对非文科类学生的文学教育还只停留在设置一门"大学语文"公共课的层面,还有部分高校甚至没有开设这一课程。实际上高等教育的语文教学应是提高学生文学素养的重要途径,但其教授的仅是语言和相关考试的内容,并未引导学生深入思考文学的内涵,感受文学的魅力,因此收效甚微。从大学语文教授形式和教学内容来看,高校对学生的文学素养培养并未给予足够的重视。高校仅把文学教育相关的课程设置为选修,且课程教授内容不深入,导致教学资源浪费,学生学习体验感不佳,文学素养难以提高。

(三)大学语文教师的教学能力参差不齐

教师是学校的核心人物,在加强文化教育进程中扮演着主导作用。教师

自身首先必须具有较高的文学素养,才能有机会对学生进行指导。在教育事业迅速发展下,高等学校对教师的要求也在日益提高,具有较高学历和丰富教学经历已是对高校教师的最普遍要求,某些院校教学或职业的"敲门砖"甚至要求教师具有博士学位或国外学习背景。但是,当教师步入高等学校后面临更严苛的课程和学术标准要求,是否有时间和精力研读文学作品,感受文学对思想的熏陶,可能是一个令人尴尬的问题。另一方面,高校中的大学语文教师并不全部来自于学科语文、汉语言文学等对口专业,有些教师是其他艺术领域的优秀人才,如书法家、古琴家等,这就造成教师的教学能力参差不齐。部分在擅长领域取得成就的教授在大学课堂开展教学时反而经常处于尴尬的境地,无法将自身所具备的欣赏、感受和思考的能力传授给学生。这导致学生面对如此高质量的教材和教师,却无法获得真正的知识与能力。

三、大学语文加强文学教育的路径

(一)全面提高文学教育意识,加强正确价值观培养

全面提高培养文学素养的意识,首先政府与高校应坚持"以文化人""以文树人"的发展理念,明确大学语文和文学素养在高等教育中的重要地位,改进大学语文的教材和教师队伍。院校也应该把培养学生的文学素养作为未来的发展重心,改善大学语文逐渐边缘化的情况,进一步优化学校课程体系,并深入探索在文科文学类教育的教学方式上的革新。我国可以借鉴国外高校教学、课程等设计思路和实现形式,尝试"由点到面"的方式进行试点,从而直接有效地加强学生文学素养。

高校应打破职称评聘中的学科壁垒,更加合理地设置教师的绩效考核、教学评价制度,关注大学语文教师的教学能力,并给予教师足够的时间专注于提高自身文学素养。

学习的主体是学生，其自身需要发挥主观能动性，将被动接受教育转化为主动寻求素质的提高。要想大学语文取得良好的教学效果，学生必须意识到文学素养是健全人格的重要组成部分，提高文学素养是自身全面发展的必然要求，在教师引导下主动阅读和学习优秀文学作品，将提高文学素养深刻融入个人发展过程中。同时，校园文化和氛围对学生文学素养的提高也有着潜移默化的作用。高校应推进以文学为主题的校园文化建设，将优秀文学作品、经典名著等融入校园，充分发挥校园文化对育人的宣传促进作用。

（二）明确大学语文重要性，

提高各领域人才文学素养，我国高校目前仍然采用文理分科教学形式。文科专业学生除了大学语文，还有其他文学类课程可以选择，因此其提高文学素养的途径较多。但大学语文的教学质量仍需加强，它在培养学生文学素养过程中发挥重要作用。相较于文科专业的学生，理工科学生的文学素养要更缺乏。文学教育应走进理工科学生的课堂，提高其文学素养，实现全面发展。正如著名教育家张志公先生所说："文学教育是一种精神教育、思想教育、美学教育，同时它又是一种非常有利于智力开发的教育。"

理科注重科学性与实践性，关注点多聚焦在"实验""证据""数据"等，导致缺乏文学性与思想性。此外，优秀的文学作品作为人文精神与思想教育资源的最直接载体，对学生文学素养的提升起着最有效的作用。通过阅读文学作品，学生的世界观、人生观、价值观以及创新思考能力都会受到熏陶。

通过影响人的精神世界对整个社会的环境与风气都能够起到积极的作用。大学语文不应仅仅是带领学生浏览文学作品，更重要的是传承与延续文学中所蕴含的精神、思想。经典文学承载着优秀文化，作品中常常有着明确的伦理道德倾向，或者蕴含着对真善美的宣传与颂扬，让读者在生活实践中探索与感受生命之美，从而净化灵魂。因此，高校应明确大学语文的重要性，尤其应提升理工科人才的文学素养。

（三）加强大学语文教师教学评估，组建新型师资队伍

1. 重视教师教学质量评估

当前我国高校大学语文的教学质量令人担忧。教师擅长领域不同、教学能力有高有低，造成整体教学质量不高。因此，高校应加强对大学语文教师的教学结果评估，监测其课堂教学情况、学生课堂反馈情况，从而对教学进行建议或调整。高校应避免盲目安排艺术家或其他学科教授来教大学语文，大学语文涉猎较广，但离不开对文学作品的欣赏与感悟，因此高校应聘请较为专业且教学能力突出的人才来教授大学语文这门课程。如若安排了教学能力较弱的专家进行教授，高校更要格外注意其教学质量。在对大学语文教学质量评估时应减少记忆性内容的考察，应更加注重学生是否具备欣赏优秀文学作品的素养。

2. 构建多主体、全方面、个性化的教师培训机制

学校本就是社会的组成部分，而不是独立于社会之外的孤岛。

高校教师培训不能局限于课堂上、校园内，应积极鼓励教师走出去。教师培训的主体应该是多样的，如政府组织、学校组织、自发组织、社会组织等要连成一线，互联互通，形成连贯的教师培训链条，并因地制宜制定培训计划，做好教师文学素养、教学能力、教学成果的考核工作。同上文所说，教师思维模式上的转变是首要的。要想提高大学语文教师对学生文学素养的重视，就需要进行全方位的培训与熏陶。教学上，大学语文教师的教学内容、教学方法、教学理念、教学风格都需要改变。教师的教学风格各不相同，因此在进行培养时要提出个性化，发现不同类型教师面临的困境，有针对性地进行指导培训。教学成果最能够反映教师对提高学生文学素养的理解。教师是否在语文教学中帮助学生深入探讨文学的内涵，细细品味文学的美妙滋味，

都可以在教学成果中展现出来。总之，大学语文教师的培养主体不只是高校，应是政府、高校、个人三位一体，培养内容也不只是教学方面的能力，而是素养与能力两手抓。

总之，在高等教育蓬勃发展的今天，大学语文不应被遗忘在大学课程中不为人知的角落，新文科的提出及时提醒了我们语文是大学教育的灵魂，是我们千百年来的历史积淀。大学语文教师应不断改进教学，创新教学，开展各式活动，切实提高学生的文学素养。唯有将文学素养与科学素养放于平等地位，全面提高大学生文学素养，才能培养出真正的高质量的中华优秀传统文化的接班人。

第二节　教师文学素养在语文教学中的体现

一、新时期文学素养对于语文教师的重要意义

我国已经进入互联网+的新时代，人们的日常工作与生活正在发生着潜移默化的变化。互联网上的资源十分丰富，有人说不需要记忆更多的文化知识，需要时在互联网上进行检索就可以了。然而，事实并非想象得那样简单。网络信息毕竟是碎片化的，如果没有记忆在大脑之中，则是虽存在却不为我所用的状态。因此，提升国民文学素养对于提升国民素质有着重要意义。语文课一直以来都是一门重要的基础性课程，其在培养学生语言表达能力、文学修养、民族自豪感、人生观、价值观等方面都有着十分重要的意义。

二、教师文学素养在语文教学中的体现

（一）底蕴深厚，充分展示文化自信

党的十八大以来，习近平总书记多次提及中华传统文化的重要性。文化自信是一个东方大国崛起的文化自我认知的过程。语文教师承担着文化传承的重任。教师具有良好的文学素养，在语文教学中就会充分体现文化自信。教学中引经据典、博古论今，以中华传统文化浇灌青少年，让他们沐浴在诗词雅韵的雨露中，感受传统文化的博大精深、意境深远。

（二）语言精彩，积极促进学生文学素养的提升

学生文学素养的提升对祖国未来的建设有着至关重要的作用。正所谓"随风潜入夜，润物细无声"，语文教师的文学素养在语文教学中的运用，可以充分促进学生的文学素养提升。其出口成章、谈古论今，可以激发学生对于古今中外文化不断探索的热情。兴趣是最好的老师，当学生们由最初的崇拜上升为对文学的喜爱，再由喜爱转变为主动获取文化知识的行动，这样就起到了促进学生文学素养提升的重要作用。

（三）正确导向，有效促进学生正确人生观与价值观的形成

中国改革开放以来，西方思潮不断涌入，既有精华又有糟粕。教师可以通过正确的引导，让学生正确认识与吸收西方文化之精髓，并能够识别糟粕，去除糟粕。西方思潮过分强调自我，以自我为中心，突出自我、强调自我、释放自我，淡漠亲情、友情与社会责任。这些观念在学生之间也产生了极其不良的影响。语文教师可以利用其文学修养正确引导广大青年学生，用中国传统文化思想武装青年人头脑，使他们形成正确的人生观与价值观，引导学生抵御物欲主义的诱惑。

（四）全面渗透，有利于学生沉浸于良好文化的氛围之中

语文教师的良好文学素养可以通过语言、行为、课件等传达给学生。而在课后，教师也可以利用互联网平台为学生营造良好的文化氛围。例如，教师可以通过在教学资源平台上分享文学作品、书画作品等提升学生文学素养。还可以通过在朋友圈分享推荐文学作品，让学生感受到文化的魅力，让学生沉浸于良好文化氛围之中。

语文教师的文学素养就像一泓清泉，能够为学生的学习生活注入一份清新，让学生不仅喜欢文学，同时激发其主动热爱文学，最终指导他们的学习与生活。因此，语文教师一定要加强自身文学素养，不仅要有传统文化的底蕴，同时对于世界文化也要积极学习、不断探索、全面提升，这样才能在教学中更好地为学生服务。

第三节　语文教师的文学素养与文学教育

文学为学生开辟了一个了解自然和生活的全新窗口。文学更是一门艺术，它塑造形象，创造意境，具有强烈的情感色彩和吸引力，营造一种培养情感、完善人性的艺术环境。

语文教师必须重视语文教育中的文学教育，重视提高自身的文学素养。文学素养是指人在长期的文学修习和实践中形成的内在和外显的基本素质和修养，对于语文教师而言，它的重要性不言而喻。

首先，语文教师的文学素养是其职业素养的重要组成部分。作为语文教师，不仅要掌握基本的语文知识，还要具备深厚的文化底蕴和广博的知识面。文学是文化的重要组成部分，通过阅读文学作品，可以深入了解世界各地的文化、历史、社会和人生，从而更好地为学生传递文化知识和价值观。

其次，文学素养对于语文教师的教学能力有着重要影响。语文教师在教学中需要运用生动、形象的语言和丰富的情感来感染学生，引导学生深入理解文学作品。具备较高文学素养的语文教师，能够更好地分析作品的主题、情感和语言特点，从而更好地引导学生理解和欣赏文学作品。

此外，文学素养还对语文教师的教育理念产生着积极的影响。具备较高文学素养的语文教师，更加注重学生的个性发展和人文关怀，能够更好地关注学生的情感体验和思想变化，从而更好地引导学生树立正确的人生观和价值观。

综上所述，提高语文教师的文学素养对于其职业发展和教学能力的提升具有重要意义。因此，语文教师应该注重提高自身的文学素养，通过阅读文学作品、参加文学研究和交流活动、参加教育培训等方式来不断提升自己的文学素养水平。只有这样，才能更好地为学生传递文化知识和价值观，为学生的成长和发展奠定坚实的基础。

参考文献

[1] 阿布都外力·克热木. 国研文库 高校语文教育教学新论 [M]. 北京：光明日报出版社，2021.

[2] 蔡伟，李莉. 现代语文教学方法案例分析 [M]. 银川：宁夏人民教育出版社，2021.

[3] 邓钗. 互联网时代大学语文教学策略创新研究 [M]. 北京：九州出版社，2021.

[4] 耿红卫. 新课程 语文教育问题与对策研究 [M]. 北京：新华出版社，2016.

[5] 郭明俊. 高职院校语文课程教育研究 [M]. 天津：天津科学技术出版社，2018.

[6] 贺卫东. 语文课程与教学 [M]. 西安：陕西师范大学出版社，2018.

[7] 金业文. 反思与建构 中国语文教育现代性研究 [M]. 合肥：中国科学技术大学出版社，2014.

[8] 刘能镛，马长安. 网络语言与语文教育 [M]. 合肥：合肥工业大学出版社，2004.

[9] 彭书雄. 大学语文教育改革的理论与实践 [M]. 武汉：崇文书局，2007.

[10] 邵子华. 大学语文教育学 [M]. 北京：人民文学出版社，2016.

[11] 申小龙，等. 中国网络言说的新语文 [M]. 济南：山东教育出版社，2014.

[12] 孙立华.基于核心素养的语文教学实践[M].北京：线装书局，2022.

[13] 王双同.大学语文教育研究[M].北京：中国商务出版社，2019.

[14] 文智辉.大学语文教育与教学研究[M].长沙：湖南大学出版社，2019.

[15] 肖建云.语文课程体系新构想[M].北京：中国书籍出版社，2021.

[16] 谢东华，王华英.互联网＋环境下高职语文教学模式改革研究[M].长春：吉林人民出版社，2017.

[17] 邢盼丽，江虹，吕希坤.语文教学与和谐课堂[M].沈阳：辽宁大学出版社，2018.

[18] 徐礼诚.传统文化与语文教学[M].长春：吉林人民出版社，2020.

[19] 杨小波.语文教育教学实践探索[M].北京：中国原子能出版传媒有限公司，2021.

[20] 于漪.语文教育微思考 构建灵动的语文课堂教学[M].上海：复旦大学出版社，2014.

[21] 张玉波.优化语文课堂教学艺术[M].长春：吉林人民出版社，2021.

[22] 赵长河.语用化语文教学[M].武汉：长江文艺出版社，2020.

[23] 周一贯，俞慧琴.语文智慧教育的教学智慧[M].宁波：宁波出版社，2015.